I0156338

(C)

LES FAUSSES CONFIDENCES,

COMEDIE.

De Monsieur DE MARIVAUX.

Répréfentée par les Comédiens Italiens ordinaires du Roi.

Le prix eft de trente fols.

A PARIS,

Chez PRAULT pere , Quay de Gêvres , au Paradis.

M. DCC. XXXVIII.

Avec Approbation & Privilege du Roy.

APPROBATION.

J'AY lû par ordre de Monseigneur le Chancelier, un Manuscrit intitulé: *Les Fausses Confidences*, Comedie en trois Actes. A Paris ce 15. Septembre 1738.

Signé, LASERRE.

PRIVILEGE DU ROY.

LOUIS, par la grace de Dieu, Roy de France & de Navarre : A nos amez & feaux Conseillers, les Gens tenans nos Cours de Parlement, Maîtres des Requestes ordinaires de notre Hôtel, Grand Conseil, Prevôt de Paris, Baillifs, Sénéchaux, leurs Lieutenans Civils & autres nos Justiciers qu'il appartiendra, Salut. Notre bien amé PIERRE PRAULT pere, Libraire Imprimeur de nos Fermes & Droits à Paris, nous ayant fait remontrer qu'il souhaiteroit faire imprimer ou imprimer & donner au Public, *Nouveau Recüeil de Pieces du Théatre Italien ; le Diable boiteux ; Histoire d'Osman, Premier du nom ; la Vérité triomphante de l'Erreur ;* s'il Nous plaisoit lui accorder nos Lettres de Privilege sur ce nécessaires ; offrant pour cet effet de les imprimer ou faire imprimer en bon papier & beaux caracteres, suivant la feüille imprimée & attachée pour modele sous le contre-scel des Presentes. A CES CAUSES, voulant traiter favorablement ledit Exposant, Nous lui avons permis & permettons par ces Presentes de faire imprimer ou imprimer lesdits Livres cy-dessus specifiés, en un ou plusieurs volumes, conjointement ou séparement & autant de fois que bon lui semblera, & de les vendre, faire vendre & débiter par tout notre Royaume, pendant le tems de neuf années consecutives, à compter du jour de la datte desdites Presentes. Faisons défenses à toutes personnes de quelque qualité & condition qu'elles soient d'en introduire d'impression étrangere dans aucun lieu de notre obéissance : Comme aussi à tous Libraires, Imprimeurs & autres, d'imprimer, faire imprimer, vendre, débiter ni contrefaire lesdits Livres cy-dessus exposés, en tout ni en partie, ni d'en faire aucuns extraits, sous quelque prétexte que ce soit d'augmentation, changement de titre, ou autrement sans la permission expresse dudit Exposant, ou de ceux qui auront droit de lui, à peine de confiscation des Exemplaires contrefaits, de six mille livres d'amende contre chacun des Contrevenans, dont un tiers à Nous, un tiers à l'Hôtel-Dieu de Paris, l'autre tiers audit Exposant, & de tous dépens, dommages & intérêts; à la charge que ces Présentes seront enregistrées tout au long sur le Registre de la Communauté des Libraires & Imprimeurs de Paris dans trois mois de la datte d'icelle : Que l'impression de ces Livres sera faite dans notre Royaume & non ailleurs, & que l'Impetrant se conformera en tout aux Reglemens de la Librairie, & notamment à celui du 10. Avril 1725. & qu'avant que de l'exposer en vente, les Manuscrits ou Imprimés qui auront servi de copie à l'impression desdits Livres seront remis dans le même état où l'Approbation y aura été donnée, ès mains de notre très-cher & féal Chevalier Chancelier de France, le Sieur Daguesseau, Commandeur de nos Ordres; & qu'il en sera ensuite remis deux Exemplaires dans notre Bibliotheque publique; un dans celle de notre Château du Louvre, & un dans celle de notredit très-cher & féal Chevalier le Sieur Daguesseau, Chancelier de France, Commandeur de nos Ordres, le tout à peine de nullité des Présentes : Du contenu desquelles vous mandons & enjoignons de faire jouir l'Exposant ou ses Ayans cause, pleinement & paisiblement, sans souffrir qu'il leur soit fait aucun trouble ni empêchement. Voulons que la copie desdites Présentes qui sera imprimée tout au long au commencement ou à la fin desdits Livres, soit tenue pour duëment signifiée, & qu'aux copies, collationnées par l'un de nos amés & feaux Conseillers-Secretaires, foi soit ajoutée comme à l'Original Commandons au premier notre Huissier ou Sergent de faire pour l'execution d'icelle tous Actes requis & necessaires, sans demander autre permission, & nonobstant clameur de Haro, Charte Normande & Lettres à ce contraires; Car tel est notre plaisir. DONNE' à Versailles le vingtiéme jour de Decembre, l'an de grace mil sept cens trente sept, & de notre Regne le vingt-troisiéme. Par le Roy en son Conseil. Signé, SAINSON.

Registré sur le Registre IX. de la Chambre Royale des Libraires & Imprimeurs de Paris, N°. 561. Fol. 524. conformément aux anciens Reglemens, confirmés par celui du 28. Fevrier 1723. A Paris ce 21. Decembre 1737.
Signé, S. LANGLOIS, Syndic.

LES FAUSSES

CONFIDENCES,

COMÉDIE

En trois Actes,

ACTEURS.

ARAMINTE, fille de Madame Argante.

DORANTE, neveu de Monsieur Remy.

Monsieur REMY, Procureur.

Madame ARGANTE,

ARLEQUIN, valet d'Araminte.

DUBOIS, ancien valet de Dorante.

MARTON, suivante d'Araminte.

LE COMTE.

Un DOMESTIQUE parlant.

Un GARÇON Joüaillier.

La Scéne est chez Madame Argante.

LES FAUSSES CONFIDENCES,

COMÉDIE.

❦❦❦❦❦❦❦❦❦❦❦❦❦❦❦❦❦

ACTE PREMIER.

SCENE PREMIERE.

DORANTE, ARLEQUIN.

ARLEQUIN *introduisant Dorante.*

AYEZ la bonté, Monsieur, de vous asséoir un moment dans cette Salle, Mademoiselle Marton est chez Madame, & ne tardera pas à descendre.

DORANTE.

Je vous suis obligé.

ARLEQUIN.

Si vous voulez, je vous tiendrai compagnie de peur que l'ennui ne vous prenne, nous discourerons en attendant.

DORANTE.

Je vous remercie, ce n'est pas la peine, ne vous détournez point.

ARLEQUIN.

Voyez, Monsieur, n'en faites pas de façon, nous avons ordre de Madame, d'être honnête, & vous êtes témoins que je le suis.

DORANTE.

Non, vous dis-je, je serai bien-aise d'être un moment seul.

ARLEQUIN.

Excusez, Monsieur, & restez à votre fantaisie.

SCENE II.

DORANTE, DUBOIS entrant avec un air de mistere.

DORANTE

AH! te voilà?

DUBOIS.

Oüi, je vous guettois.

DORANTE.

J'ai cru que je ne pourrois me débarrasser d'un Domestique qui m'a introduit ici, & qui vouloit absolument me désennuyer en restant. Dis-moi, Monsieur Remy n'est donc pas encore venu?

DUBOIS.

Non, mais voici l'heure à peu près qu'il vous a dit qu'il arriveroit. (*Il cherche, & regarde*) N'y a-t-il-là personne qui nous voye ensemble? Il est essentiel que les Domestiques ici ne sçachent pas que je vous connoisse.

DORANTE.

Je ne vois personne.

DUBOIS.

Vous n'avez rien dit de notre projet à Monsieur Remy votre parent?

DORANTE.

Pas le moindre mot. Il me présente de la meilleure foi du monde, en qualité d'Intendant, à cette Dame-ci dont je lui ai parlé, & dont il se trouve le Procureur; il ne sçait point du tout que c'est toi qui m'as adressé à lui : il la prévint hier, il m'a dit que je me rendisse ce matin ici, qu'il me présenteroit à elle, qu'il y seroit avant moi, ou que s'il n'y étoit pas encore, je demandasse une Mademoiselle Marton. Voilà tout, & je n'aurois garde de lui confier notre projet, non plus qu'à perſonne ; il me paroît extravagant à moi qui m'y prête. Je n'en ſuis pourtant pas moins ſenſible à ta bonne volonté, Dubois, tu m'as ſervi, je n'ai pû te garder, je n'ai pû même te bien récompenſer de ton zele ; malgré cela, il t'eſt venu dans l'eſprit de faire ma fortune : en verité, il n'eſt point de reconnoiſſance que je ne te doive !

DUBOIS.

Laiſſons cela, Monſieur ; tenez, en un mot je ſuis content de vous, vous m'avez toûjours plû ; vous êtes un excellent homme, un homme que j'aime, & ſi j'avois bien de l'argent il ſeroit encore à votre ſervice.

DORANTE.

Quand pourrai-je reconnoître tes ſentimens pour moi, ma fortune ſeroit la tienne ; mais je n'attends rien de notre entrepriſe, que la honte d'être renvoyé demain.

DUBOIS.

Hé bien, vous vous en retournerez.

DORANTE.

Cette femme-ci a un rang dans le monde ; elle eſt liée avec tout ce qu'il y a de mieux : veuve d'un mari qui avoit une grande Charge dans les Finances ; & tu crois qu'elle fera quelque attention à moi, que je l'épouſerai, moi qui ne ſuis rien, moi qui n'ai point de bien ?

DUBOIS.

Point de bien ! Vôtre bonne mine eſt un
Perou : tournez-vous un peu que je vous
conſidere encore : allons, Monſieur, vous vous
mocquez, il n'y a point de plus grand Sei-
gneur que vous à Paris : Voilà une taille qui
vaut toutes les dignités poſſibles, & notre
affaire eſt infaillible, abſolument infaillible ;
il me ſemble que je vous vois déja en dés-
habillé dans l'appartement de Madame.

DORANTE.

Quelle chimere !

DUBOIS.

Ouï, je le ſoutiens. Vous êtes actuellement dans vôtre Salle, & vos équipages ſont
ſous la remiſe.

DORANTE.

Elle a plus de cinquante mille livres de
rente, Dubois.

DUBOIS.

Ah ! Vous en avez bien ſoixante, pour le
moins.

DORANTE.

Et tu me dis qu'elle eſt extrêmement raiſonnable ?

DUBOIS.

Tant mieux pour vous, & tant pis pour
elle. Si vous lui plaiſez, elle en ſera ſi hon-
teuſe, elle ſe débattra tant, elle deviendra ſi
foible, qu'elle ne pourra ſe ſoutenir qu'en

A iiij

époufant ; vous m'en direz des nouvelles , vous l'avez vûë, & vous l'aimez ?

DORANTE

Je l'aime avec paſſion , & c'eſt ce qui fait que je tremble !

DUBOIS.

Oh ! vous m'impatientez avec vos ter-reurs : eh que diantre ! un peu de confian-ce ; vous réuſſirez, vous dis-je. Je m'en charge, je le veux, je l'ai mis là ; nous ſom-mes convenus de toutes nos actions , toutes nos meſures ſont priſes ; je connois l'humeur de ma Maîtreſſe , je ſçais votre mérite , je ſçais mes talens, je vous conduis , & on vous aimera , toute raiſonnable qu'on eſt ; on vous épouſera toute fiére qu'on eſt , & on vous enrichira tout ruiné que vous êtes, entendez-vous ? fiérté, raiſon & richeſſe, il faudra que tout ſe rende. Quand l'amour parle, il eſt le Maître , & il parlera : adieu, je vous quitte ; j'entends quelqu'un , c'eſt peut-être Monſieur Remy , nous voilà em-barqués, pourſuivons. (*Il fait quelques pas, & revient.*) A propos , tâchez que Marton prenne un peu de goût pour vous. L'Amour & moi nous ferons le reſte.

SCENE III.

Monſieur REMY, DORANTE.

Monſieur REMY.

BOnjour, mon neveu, je ſuis bien-aiſe de vous voir exact. Mademoiſelle Marton va venir, on eſt allé l'avertir. La connoiſſez-vous?

DORANTE.

Non, Monſieur ; pourquoi me le demandez-vous ?

Monſieur REMY.

C'eſt qu'en venant ici j'ai rêvé à une choſe... Elle eſt jolie au moins.

DORANTE.

Je le crois.

Monſieur REMY.

Et de fort bonne famille, c'eſt moi qui ai ſuccedé à ſon pere ; il étoit fort ami du vôtre ; homme un peu dérangé ; ſa fille eſt reſtée ſans bien ; la Dame d'ici a voulu l'avoir, elle l'aime, la traite bien moins en Suivante, qu'en amie ; lui a fait beaucoup de bien, lui en fera encore, & a offert même de la marier. Marton a d'ailleurs une vieille parente aſthmatique dont elle hérite, & qui eſt à son aife ; vous allez être tous deux dans la même maifon ; je fuis d'avis que vous l'époufiez : qu'en dites-vous ?

DORANTE *fourit à part.*

Eh!... Mais je ne penfois pas à elle.

Monfieur RÉMY.

Hé bien, je vous avertis d'y penfer, tâchez de lui plaire ; vous n'avez rien, mon neveu, je dis rien qu'un peu d'efpérance ; vous êtes mon héritier ; mais je me porte bien, & je ferai durer cela le plus long-tems que je pourrai, fans compter que je puis me marier ; je n'en ai point d'envie, mais cette envie là vient tout d'un coup, il y a tant de minois qui vous la donnent : avec une femme on a des enfans ; c'eft la coutume, auquel cas ferviteur au collateral ; ainfi, mon neveu, prenez toujours vos petites précautions, & vous mettez en état de vous paffer de mon bien, que je vous deftine aujourd'hui, & que je vous ôterai demain peut-être.

DORANTE.

Vous avez raifon, Monfieur, & c'eft auffi à quoi je vais travailler.

Monfieur RÉMY.

Je vous y exhorte. Voici Mademoifelle Marton, éloignez-vous de deux pas, pour me donner le tems de lui demander comment elle vous trouve. (*Dorante s'écarte un peu.*)

SCENE IV.

Monsieur REMY, MARTON, DORANTE.

MARTON.

JE suis fâchée, Monsieur, de vous avoir fait attendre ; mais j'avois affaire chez Madame.

Monsieur REMY.

Il n'y a pas grand mal , Mademoiselle , j'arrive. Que pensez-vous de ce grand garçon-là ? (*montrant Dorante.*)

MARTON *riant.*

Eh ! par quelle raison , Monsieur Remy, faut-il que je vous le dise ?

Monsieur REMY.

C'est qu'il est mon neveu.

MARTON.

Hé bien , ce neveu-là est bon à montrer ; il ne dépare point la famille.

Monsieur REMY.

Tout de bon ? c'est de lui dont j'ai parlé à Madame pour Intendant, & je suis charmé qu'il vous revienne : il vous a déja vûë , plus d'une fois chez moi quand vous y êtes venuë; vous en souvenez-vous ?

MARTON.

Non ; je n'en ai point d'idée.

Monfieur REMY.

On ne prend pas garde à tout. Sçavez-vous
ce qu'il me dit la prémiere fois qu'il vous vit ?
Quelle eft cette jolie fille-là ? (*Marton fou-*
rit. (Approchez, mon neveu. Mademoifelle, votre pere & le fien s'aimoient beaucoup, pourquoi les enfans ne s'aimeroient-
ils pas ? En voilà un qui ne demande pas
mieux ; c'eft un cœur qui fe préfente bien.

DORANTE *embarraffé.*

Il n'y a rien-là de difficile à croire.

Monfieur REMY.

Voyez comme il vous regarde : vous ne
feriez pas là une fi mauvaife emplette.

MARTON.

J'en fuis perfuadée ; Monfieur prévient en
fa faveur, & il faudra voir.

Monfieur REM .

Bon, bon ! il faudra ! Je ne m'en irai point
que cela ne foit vû.

MARTON *riant.*

Je craindrois d'aller trop vîte.

DORANTE.

Vous importuhez Mademoifelle, Monfieur. MARTON *riant.*

Je n'ai poürtant pas l'air fi indocile.

Monfieur REMY *joyeux.*

Ah ! je fuis content, vous voilà d'accord,

Oh ç'a, mes enfans, (*il leur prend les mains* *à tous deux.*) Je vous fiance en attendant mieux. Je ne sçaurois rester ; je reviendrai tantôt. Je vous laisse le soin de présenter vo- tre futur à Madame. Adieu, ma niéce.

(*il sort.*)

MARTON *riant.*

Adieu donc, mon oncle.

SCENE V.

MARTON, DORANTE.

MARTON.

EN vérité, tout ceci à l'air d'un songe. Comme Monsieur Remy expédie ! vo- tre amour me paroît bien prompt, sera-t'il aussi durable ?

DORANTE.

Autant l'un que l'autre, Mademoiselle.

MARTON.

Il s'est trop hâté de partir, j'entens Ma- dame qui vient, & comme, grace aux ar- rangemens de Monsieur Remy, vos inte- rêts font presque les miens, ayez la bonté d'aller un moment sur la terrasse, afin que je la prévienne.

DORANTE.

Volontiers, Mademoiselle.

MARTON *en le voyant sortir.*

J'admire le penchant dont on se prend tout d'un coup l'un pour l'autre.

SCENE VI.

ARAMINTE, MARTON.

ARAMINTE.

Marton, quel est donc cet homme qui vient de me saluer si gracieusement, & qui passe sur la terrasse ? Est-ce à vous à qui il en veut ?

MARTON.

Non, Madame, c'est à vous-même.

ARAMINTE *d'un air assez vif.*

Hé bien, qu'on le fasse venir; pourquoi s'en va-t-il ?

MARTON.

C'est qu'il a souhaité que je vous parlasse auparavant. C'est le neveu de Monsieur Remy, celui qu'il vous a proposé pour homme d'affaire.

ARAMINTE.

Ah ! c'est là lui ! Il a vraiment très-bonne façon.

MARTON.

Il est généralement estimé; je le sçais.

ARAMINTE.

Je n'ai pas de peine à le croire : il a tout l'air de le mériter. Mais, Marton, il a si bonne mine pour un Intendant, que je me fais quelque scrupule de le prendre ; n'en dira-t-on rien ?

MARTON.

Et que voulez-vous qu'on dife ? Eſt-on obligé de n'avoir que des Intendans mal faits.

ARAMINTE.

Tu as raiſon. Dis-lui qu'il revienne. Il n'étoit pas neceſſaire de me préparer à le recevoir : Dès que c'eſt Monſieur Remy qui me le donne, c'en eſt aſſez ; je le prends.

MARTON *comme s'en allant.*

Vous ne ſçauriez mieux choiſir. (*Et puis revenant.*) Etes-vous convenuë du parti que vous lui faites ? Monſieur Remy m'a chargé de vous en parler.

ARAMINTE.

Cela eſt inutile. Il n'y aura point de diſpute là-deſſus. Dès que c'eſt un honnête homme, il aura lieu d'être content. Appellez-le.

MARTON *héſitant à partir.*

On lui laiſſera ce petit appartement qui donne ſur le Jardin, n'eſt-ce pas ?

ARAMINTE.

Oui ; comme il voudra : qu'il vienne.
(*Marton va dans la couliſſe.*)

❦❦❦❦❦❦❦❦❦❦❦❦❦❦

SCENE VII.

DORANTE, ARAMINTE, MARTON.

MARTON.

Monſieur Dorante, Madame vous attend.

ARAMINTE.

Venez, Monſieur; je ſuis obligée à Monſieur Remy d'avoir ſongé à moi. Puiſqu'il
me donne ſon neveu, je ne doute pas que
ce ne ſoit un préſent qu'il me faſſe. Un de
mes amis me parla avant-hier d'un Intendant
qu'il doit m'envoyer aujourd'hui ; mais je
m'en tiens à vous.

DORANTE

J'eſpere, Madame, que mon zéle juſtifiera
la préférence dont vous m'honorez, & que
je vous ſupplie de me conſerver. Rien ne
m'affligeroit tant à préſent que de la perdre.

MARTON.

Madame n'a pas deux paroles.

ARAMINTE.

Non, Monſieur ; c'eſt une affaire termi-
née ; je renverrai tout. Vous êtes au fait des
affaires apparemment ; vous y avez travaillé ?

DORANTE

DORANTE.

Oui, Madame, mon père étoit Avocat,
& je pourrois l'être moi-même.

ARAMINTE.

C'eſt-à-dire, que vous êtes un homme de
très-bonne famille, & même au - deſſus du
parti que vous prenez.

DORANTE.

Je ne ſens rien qui m'humilie dans le parti
que je prends, Madame ; l'honneur de ſervir
une Dame comme vous, n'eſt au-deſſous de
qui que ce ſoit, & je n'envierai la condition
de perſonne.

ARAMINTE.

Mes façons ne vous feront point changer
de ſentiment. Vous trouverez ici tous les
égards que vous méritez ; & ſi dans les ſuites,
il y avoit occaſion de vous rendre ſervice, je
ne la manquerai point.

MARTON.

Voilà Madame : je la reconnois.

ARAMINTE.

Il eſt vrai que je ſuis toujours fâchée de
voir d'honnêtes gens ſans fortune, tandis
qu'une infinité de gens de rien, & ſans mérite, en ont une éclatante ; c'eſt une choſe
qui me bleſſe, ſurtout dans les perſonnes de
ſon âge ; car vous n'avez que trente ans, tout
au plus ?

B

DORANTE.

Pas tout-à-fait encore, Madame.

ARAMINTE.

Ce qu'il y a de consolant pour vous, c'eſt que vous avez le temps de devenir heureux.

DORANTE.

Je commence à l'être d'aujourd'hui, Madame.

ARAMINTE.

On vous montrera l'appartement que je vous deſtine ; s'il ne vous convient pas, il y en a d'autres, & vous choiſirez. Il faut auſſi quelqu'un qui vous ſerve, & c'eſt à quoi je vais pourvoir. Qui lui donnerons-nous, Marton?

MARTON.

Il n'y a qu'à prendre Arlequin, Madame. Je le vois à l'entrée de la ſalle, & je vais l'appeller, Arlequin? parlez à Madame.

SCENE VIII.

ARAMINTE, DORANTE, MARTON, ARLEQUIN.

ARLEQUIN.

ME voilà, Madame.

ARAMINTE.

Arlequin, vous êtes à préſent à Monſieur ;

vous le servirez ; je vous donne à lui.

ARLEQUIN.

Comment, Madame, vous me donnez à
lui? Est-ce que je ne serai plus à moi? Ma personne ne m'appartiendra donc plus ?

MARTON.

Quel benêt!

ARAMINTE.

J'entends qu'au lieu de me servir, ce sera
lui que tu serviras.

ARLEQUIN *comme pleurant.*

Je ne sçai pas pourquoi Madame me donne
mon congé : je n'ai pas mérité ce traitement ;
je l'ai toujours servie à faire plaisir.

ARAMINTE.

Je ne te donne point ton congé , je te
payerai pour être à Monsieur.

ARLEQUIN.

Je représente à Madame que cela ne seroit
pas juste : je ne donnerai pas ma peine d'un
côté , pendant que l'argent me viendra d'un
autre. Il faut que vous ayez mon service, puisque j'aurai vos gages , autrement je fripon-
nerois Madame.

ARAMINTE.

Je désespere de lui faire entendre raison.

MARTON.

Tu es bien sot ! Quand je t'envoye quelque
part , ou que je te dis: fais telle ou telle chose , n'obéis-tu pas ?

ARLEQUIN.

Toûjours.

MARTON.

Et bien, ce fera Monſieur qui te le dira comme moi, & ce ſera à la place de Madame & par ſon ordre.

ARLEQUIN.

Ah ! c'eſt une autre affaire. C'eſt Madame qui donnera ordre à Monſieur de ſouffrir mon ſervice, que je lui prêterai par le commande-ment de Madame.

MARTON.

Voilà ce que c'eſt.

ARLEQUIN.

Vous voyez bien que cela méritoit expli-cation.

UN DOMESTIQUE vient.

Voici votre Marchande qui vous apporte des Etoffes, Madame.

ARAMINTE.

Je vais les voir, & je reviendrai. Mon-ſieur, j'ai à vous parler d'une affaire ; ne vous éloignez pas.

SCENE IX.

DORANTE, MARTON, ARLEQUIN.

ARLEQUIN.

OH ça, Monsieur, nous sommes donc l'un à l'autre, & vous avez le pas sur moi. Je serai le valet qui sert, & vous le valet qui serez servi par ordre.

MARTON.

Ce saquin avec ses comparaisons ! Va-t'en.

ARLEQUIN.

Un moment, avec votre permission. Monsieur, ne payerez vous rien ? Vous a-t'on donné ordre d'être servi gratis ?

(Dorante rit.)

MARTON.

Allons, laisse-nous. Madame te payera ; n'est-ce pas assez ?

ARLEQUIN.

Pardi, Monsieur ; je ne vous coûterai donc guére ? On ne sçauroit avoir un valet à meilleur marché.

DORANTE.

Arlequin a raison. Tien, voilà d'avance ce que je te donne.

ARLEQUIN.

Ah ! voilà un action de maître. A vôtre aise
le reste.

DORANTE.

Va boire à ma santé.

ARLEQUIN *s'en allant.*

Oh, s'il ne faut que boire, afin qu'elle soit
bonne ; tant que je vivrai, je vous la promets
excellente. (*à part.*) Le gracieux camarade
qui m'est venu-là par hazard !

─────────────────

SCENE X.

DORANTE, MARTON, Madame **ARGANTE,** *qui arrive un
instant après.*

MARTON.

VOus avez lieu d'être satisfait de l'ac-
cüeil de Madame ; elle paroît faire cas
de vous, & tant mieux, nous n'y perdons
point. Mais voici Madame Argante ; je vous
avertis que c'est sa mere ; & je devine à peu-
près ce qui l'améne.

Madame ARGANTE *femme brusque
& vaine.*

Hé bien, Marton, ma fille a un nouvel
Intendant que son Procureur lui a donné ?

m'a-t-'elle dit , j'en fuis fâchée ; cela n'eſt
point obligeant pour Monſieur le Comte ,
qui lui en avoit retenu un ; du moins devoit-
elle attendre & les voir tous deux. D'où
vient préférer celui-ci ? Quelle eſpece d'homme eſt-ce ?

MARTON.

C'eſt Monſieur , Madame.

Madame ARGANTE.

Eh ! c'eſt Monſieur ! je ne m'en ſerois pas
doutée ; il eſt bien jeune.

MARTON.

A trente ans on eſt en âge d'être Intendant de maiſon, Madame.

Madame ARGANTE.

C'eſt ſelon. Etes-vous arrêté, Monſieur ?

DORANTE.

Oui , Madame.

Madame ARGANTE.

Et de chez qui ſortez-vous ?

DORANTE.

De chez moi , Madame : je n'ai encore
été chez perſonne.

Madame ARGANTE.

De chez-vous ! Vous allez donc faire ici
votre apprentiſſage ?

MARTON.

Point du tout. Monſieur entend les affaires ; il eſt fils d'un pere extrêmement habile

Madame ARGANTE *à Marton à part.*

Je n'ai pas grande opinion de cet homme-là. Eſt ce là la figure d'un Intendant? Il n'en a non plus l'air....

MARTON *à part auſſi.*

L'air n'y fait rien : je vous réponds de lui; c'eſt l'homme qu'il nous faut.

Madame ARGANTE.

Pourvû que Monſieur ne s'écarte pas des intentions que nous avons, il me ſera indifferent que ce ſoit lui ou un autre.

DORANTE.

Peut-on ſçavoir ces intentions, Madame?

Madame ARGANTE.

Connoiſſez vous Monſieur le Comte Dorimont? c'eſt un homme d'un beau nom; ma fille & lui alloient avoir un Procès enſemble, au ſujet d'une terre conſidérable; il ne s'agiſſoit pas moins que de ſçavoir à qui elle reſteroit, & on a ſongé à les marier, pour empêcher qu'ils ne plaident. Ma fille eſt Veuve d'un homme qui étoit fort conſideré dans le monde, & qui l'a laiſſée fort riche; mais Madame la Comteſſe Dorimont auroit un rang ſi élevé, iroit de pair avec des perſonnes d'une ſi grande diſtinction, qu'il me tarde de voir ce mariage conclu; & je l'avouë, je ſerai charmée moi-même d'être la mere de Madame la Comteſſe Dorimont, & de plus que cela peut être; car Monſieur le Comte Dorimont

rimont eſt en paſſe d'aller à tout.

DORANTE.

Les paroles ſont-elles données de part &
d'autre ?

Madame ARGANTE.

Pas tout-à-fait encore, mais à peu-près :
ma fille n'en eſt pas éloignée. Elle ſouhaite-
roit ſeulement, dit-elle, d'être bien inſtruite
de l'état de l'affaire, & ſçavoir ſi elle n'a pas
meilleur droit que Monſieur le Comte, afin
que ſi elle l'épouſe, il lui en ait plus d'obligation. Mais j'ai quelquefois peur que ce ne
ſoir une défaite. Ma fille n'a qu'un défaut ;
c'eſt que je ne lui trouve pas aſſez d'éléva-
tion ; le beau nom de Dorimont & le rang de
Comteſſe, ne la touchent pas aſſez ; elle ne
ſent pas le déſagrément qu'il y a de n'être
qu'une Bourgeoiſe. Elle s'endort dans cet
état, malgré le bien qu'elle a ſſ

DORANTE doucement.

Peut-être n'en ſera-t'elle pas plus heureuſe
ſi elle en ſort.

Madame ARGANTE vivement.

Il ne s'agit pas de ce que vous en penſez ;
gardez votre petite réflexion roturiere, & ſer-
vez-nous, ſi vous voulez être de nos amis.

MARTON.

C'eſt un petit trait de morale qui ne gâte
rien à notre affaire.

C

Madame ARGANTE.

Morale fubalterné qui me déplaît.

DORANTE.

Dequoi eft-il queſtion, Madame?

Madame ARGANTE.

De dire à ma fille, quand vous aurez vû
ſes papiers, que ſon droit eſt le moins bon;
que ſi elle plaidoit elle perdroit.

DORANTE.

Si effectivement ſon droit eſt le plus foible, je ne manquerai pas de l'en avertir,
Madame.

Madame ARGANTE *à part à Marton.*

Hum! quel eſprit borné! (*à Dorante.*)
Vous n'y étes point; ce n'eſt pas-là ce qu'on
vous dit : on vous charge de lui parler ainſi,
indépendamment de ſon droit bien ou mal
fondé.

DORANTE.

Mais, Madame, il n'y auroit point de
probité à la tromper.

Madame ARGANTE.

De probité! j'en manque donc, moi? quel
raiſonnement! c'eſt moi, qui ſuis ſa mére,
& qui vous ordonne de la tromper à ſon
avantage; entendez-vous? c'eſt moi, moi.

DORANTE.

Il y aura toûjours de la mauvaiſe foi de ma
part.

C

Madame ARGANTE *à part à Marton.*

C'eſt un ignorant que cela, qu'il faut renvoyer. Adieu Monſieur l'homme d'affaire,
qui n'avez fait celles de perſonne. (*elle ſort.*)

❦❦❦❦❦❦X❦❦❦❦❦❦

SCENE XI.

DORANTE, MARTON.

DORANTE.

Cette mere-là ne reſſemble guére à ſa
fille.

MARTON.

Oui, il y a quelque difference, & je ſuis
fâchée de n'avoir pas eu le temps de vous pré-
venir ſur ſon humeur bruſque. Elle eſt extrêmement entêtée de ce mariage, comme vous
voyez. Au ſurplus que vous importe ce que
vous direz à la fille, dès que la mere ſera vôtre garant ; vous n'aurez rien à vous reprocher, ce me ſemble ; ce ne ſera pas-là une
tromperie.

DORANTE.

Eh ! Vous m'excuſerez : ce ſera toujours
l'engager à prendre un parti qu'elle ne pren-
droit peut-être pas ſans cela. Puiſque l'on veut
que j'aide à l'y déterminer, elle y réſiſte donc ?

MARTON.

C'eſt par indolence.

DORANTE.

Croyez-moi, diſons la vérité.

MARTON.

Oh ça, il y a une petite raiſon, à laquelle vous devez vous rendre; c'eſt que Monſieur le Comte me fait préſent de mille écus le jour de la ſignature du Contrat; & cet argent-là, ſuivant le projet de Monſieur Remy, vous regarde auſſi - bien que moi, comme vous voyez.

DORANTE.

Tenez, Mademoiſelle Marton, vous étes la plus aimable fille du monde; mais ce n'eſt que faute de réfléxion que ces mille écus vous tentent.

MARTON.

Au contraire, c'eſt par réflexion qu'ils me tentent. Plus j'y rêve, & plus je les trouve bons.

DORANTE.

Mais vous aimez votre Maîtreſſe : & ſi elle n'étoit pas heureuſe avec cet homme-là, ne vous reprocheriez-vous pas d'y avoir contribué pour une miſérable ſomme ?

MARTON.

Ma foi, vous avez beau dire. D'ailleurs, le Comte eſt un honnête homme, & je n'y entends point de fineſſe. Voilà Madame, qui

revient ; elle a à vous parler. Je me retire ;
méditez fur cette fomme, vous la goûterez
auſſi bien que moi.

DORANTE.

Je ne fuis plus ſi fâché de la tromper.

SCENE XII.

ARAMINTE, DORANTE.

ARAMINTE.

Vous avez donc vû, ma mere !

DORANTE.

Oui, Madame, il n'y a qu'un moment.

ARAMINTE.

Elle me l'a dit, & voudroit bien que j'en
euſſe pris un autre que vous.

DORANTE.

Il me l'a paru.

ARAMINTE.

Oui : mais ne vous embarraſſez point ,
vous me convenez.

DORANTE.

Je n'ai point d'autre ambition.

ARAMINTE.

Parlons de ce que j'ai à vous dire ; mais
que ceci ſoit ſecret entre nous, je vous
prie.

C iij

DORANTE.

Je me trahirois plûtôt moi-même.

ARAMINTE.

Je n'héfite point non plus à vous donner ma confiance. Voici ce que c'eft : On veut me marier avec Monfieur le Comte Dori-mont, pour éviter un grand Procès que nous aurions enfemble, au fujet d'une Terre que je poffède.

DORANTE.

Je le fai, Madame; & j'ai eu le malheur d'avoir déplû tout-à-l'heure, là - deffus, à Madame Argante.

ARAMINTE.

Eh! D'où vient?

DORANTE.

C'eft que, fi, dans votre Procès, vous avez le bon droit de votre côté, on fouhaite que je vous dife le contraire, afin de vous engager plus vîte à ce mariage; & j'ai prié qu'on m'en difpenfât.

ARAMINTE.

Que ma mére eft frivole ! Votre fidélité ñe me furprend point; j'y comptois. Faites toujours de même, & ne vous choquez point de ce que ma mére vous a dit, je la défaprou-ve : a-t'elle tenu quelque difcours défagréa-ble ?

DORANTE.

Il n'importe, Madame; mon zéle & mon

attachement en augmentent : Voilà tout.

ARAMINTE.

Et voilà pourquoi aussi je ne veux pas qu'
on vous chagrine , & que j'y mettrai bon ordre. Qu'est-ce que cela signifie ? Je me fâcherai, si cela continue. Comment donc?
Vous ne seriez pas en repos. On aura de mauvais procédés avec vous , parce que vous en
avez d'estimables ; cela seroit plaisant !

DORANTE.

Madame, par toute la reconnoissance que
je vous dois , n'y prenez point garde : Je
suis confus de vos bontés , & je suis trop
heureux d'avoir été querellé.

ARAMINTE.

Je loüe vos sentimens. Revenons à ce
Procès dont il est question : Si je n'épouse
point Monsieur le Comte...

SCENE XIII.

DORANTE, ARAMINTE
DUBOIS.

DUBOIS.

MAdame la Marquise se porte mieux,
Madame. (*Il feint de voir Dorante
avec surprise.*) & vous est fort obligée....

fort obligée de votre attention. (*Dorante feint de détourner la tête, pour se cacher de Dubois.*)

ARAMINTE.

Voilà qui est bien.

DUBOIS *regardant toujours Dorante.*

Madame, on m'a chargé auffi de vous dire un mot qui preffe.

ARAMINTE.

De quoi s'agit-il ?

DUBOIS.

Il m'eft recommandé de ne vous parler qu'en particulier.

ARAMINTE *à Dorante*

Je n'ai point achevé ce que voulois vous dire ; laiffez-moi, je vous prie, un moment, & revenez.

❦❦❦❦❦❦❦❦❦❦❦❦❦

SCENE XIV.

ARAMINTE, DUBOIS.

ARAMINTE.

QU'eft - ce que c'eft donc que cet air étonné, que tu as marqué, ce me femble, en voïant Dorante ? D'où vient cette attention à le regarder ?

DUBOIS.

Ce n'eſt rien, ſinon que je ne ſaurois plus avoir l'honneur de ſervir Madame , & qu'il faut que je lui demande mon congé.

ARAMINTE *ſurpriſe.*

Quoi ! Seulement pour avoir vû Dorante ici ?

DUBOIS.

Savez-vous à qui vous avez affaire ?

ARAMINTE.

Au neveu de Monſieur Remy , mon Procureur.

DUBOIS.

Eh ! Par quel tour d'adreſſe eſt-il connu de Madame ? Comment a-t'il fait pour arriver juſqu'ici ?

ARAMINTE.

C'eſt Monſieur Remy qui me l'a envoyé pour Intendant.

DUBOIS.

Lui , votre Intendant ! Et c'eſt Monſieur Remy qui vous l'envoye ! Hélas ! Le bonhomme , il ne ſait pas qui il vous donne ; c'eſt un démon que ce garçon-là.

ARAMINTE.

Mais , que ſignifient tes exclamations ? Explique toi : Eſt-ce que tu le connois ?

DUBOIS.

Si je le connois , Madame ! Si je le connois ! Ah ! vraiment oui ; & il me connoît

bien auffi. N'avez-vous pas vû comme il fe
détournôit de peur que je ne le viffe ?

ARAMINTE.

Il eft vrai ; & tu me furprens à mon tour.
Seroit-il capable de quelque mauvaife action,
que tu faches? Eft-ce que ce n'eft pas un honnête homme ?

DUBOIS.

Lui ! Il n'y a point de plus brave homme
dans toute la terre ; il a, peut-être, plus
d'honneur à lui tout feul, que cinquante
honnêtes gens enfemble. Oh ! C'eft une probité merveilleufe ; il n'a, peut-être, pas fon
pareil.

ARAMINTE.

Eh ! De quoi peut-il donc être queftion ?
D'où vient que tu m'allarmes ? En verité,
j'en fuis toute émuë.

DUBOIS.

Son défaut, c'eft là. (*Il fe touche le front.*)
C'eft à la tête que le mal le tient.

ARAMINTE.

A la tête !

DUBOIS.

Oui, il eft timbré; mais timbré comme
cent.

ARAMINTE.

Dorante ! Il m'a paru de très - bon fens.
Quelle preuve as-tu de fa folie ?

DUBOIS.

Quelle preuve ! Il y a six mois qu'il est tombé fou ; il y a six mois qu'il extravague d'amour, qu'il en a la cervelle brûlée, qu'il en est comme un perdu ; je dois bien le savoir, car j'étois à lui, je le servois ; & c'est ce qui m'a obligé de le quitter, & c'est ce qui me force de m'en aller encore ; ôtez cela, c'est un homme incomparable.

ARAMINTE *un peu boudant*

Oh ! bien, il fera ce qu'il voudra, mais je ne le garderai pas : On a bien affaire d'un esprit renversé ; &, peut-être encore, je gage, pour quelque objet qui n'en vaut pas la peine, car les hommes ont des fantaisies...

DUBOIS.

Ah ! Vous m'excuserez ; pour ce qui est de l'objet, il n'y a rien à dire. Malpeste ! Sa folie est de bon goût.

ARAMINTE.

N'importe, je veux le congédier. Est-ce que tu la connois, cette personne ?

DUBOIS.

J'ai l'honneur de la voir tous les jours ; C'est vous, Madame.

ARAMINTE.

Moi, dis-tu !

DUBOIS.

Il vous adore ; il y a six mois qu'il n'en vit point, qu'il donneroit sa vie pour avoir le

plaifir de vous contempler un inftant. Vous
avez dû voir qu'il a l'air enchanté quand il
vous parle.

ARAMINTE.

Il y a bien, en effet, quelque petite chofe
qui m'a parue extraordinaire. Eh! Jufte Ciel!
Le pauvre garçon, de quoi s'avife-t'il?

DUBOIS.

Vous ne croiriez pas jufqu'où va fa démen-
ce; elle le rüine, elle lui coupe la gorge. Il
eft bien fait, d'une figure paffable, bien élevé, & de bonne famille; mais il n'eft pas riche; & vous faurez qu'il n'a tenu qu'à lui
d'époufer des femmes qui l'étoient, & de fort
aimables, ma foi, qui offroient de lui faire
fa fortune, & qui auroient mérité qu'on la
leur fift à elles-mêmes: Il y en a une qui n'en
fauroit revenir, & qui le pourfuit encore tous
les jours; je le fai, car je l'ai rencontrée.

ARAMINTE *avec négligence.*

Actuellement!

DUBOIS.

Oui, Madame, actuellement, une grande
brune, très piquante, & qu'il fuit. Il n'y a
pas moïen, Monfieur refufe tout. Je les trom-
perois, me difoit-il; je ne puis les aimer,
mon cœur eft parti; ce qu'il difoit quelquefois la larme à l'œil; car il fent bien fon tort.

ARAMINTE.

Cela eft fâcheux: Mais, où m'a-t'il vûë,

avant que de venir chez moi, Dubois?

DUBOIS.

Hélas! Madame, ce fut un jour que vous fortites de l'Opéra, qu'il perdit la raifon; c'étoit un Vendredy, je m'en reffouviens; oui, un Vendredy, il vous vit defcendre l'efcalier, à ce qu'il me raconta, & vous fuivit jufqu'à votre caroffe; il avoit demandé votre nom, & je le trouvai qui étoit comme éxtafié; il ne remuoit plus.

ARAMINTE.

Quelle avanture!

DUBOIS.

J'eus beau lui crier : Monfieur! Point de nouvelles, il n'y avoit plus perfonne au logis. A la fin, pourtant, il revint à lui avec un air égaré : Je le jettai dans une voiture, & nous retournâmes à la maifon. J'efpérois que cela fe pafferoit, car je l'aimois. C'eft le meilleur maître ! Point du tout, il n'y avoit plus de reffource : Ce bon fens, cet efprit jovial, cette humeur charmante; vous aviez tout expédié : Et dès le lendemain nous ne fifmes plus tous deux; lui, que rêver à vous, que vous aimer; moi, d'épier depuis le matin jufqu'au foir où vous alliez.

ARAMINTE.

Tu m'étonnes à un point ! ...

DUBOIS.

Je me fis même ami d'un de vos gens qui

n'y eſt plus ; un garçon fort exact, & qui
m'inſtruiſoit, & à qui je payois bouteille.
C'eſt à la Comédie qu'on va, me diſoit-il ;
& je courois faire mon rapport, ſur lequel,
dès quatre heures, mon homme étoit à la
porte. C'eſt chez Madame celle-ci ; c'eſt chez
Madame celle-là ; &, ſur cet avis, nous al-
lions toute la ſoirée habiter la ruë, ne vous
déplaiſe, pour voir Madame entrer & ſortir ;
lui, dans un Fiacre, & moi derriere ; tous
deux morfondus & gelés ; car ɔc'étoit dans
l'Hyver ; lui, ne s'en ſouciant gueres ; moi,
jurant par ci, par là, pour me ſoulager.

ARAMINTE.

Eſt-il poſſible ?

DUBOIS.

Oui, Madame. A la fin, ce train de vie
m'ennuïa ; ma ſanté s'altéroit, la ſienne auſſi.
Je lui fis accroire que vous étiez à la Cam-
pagne, il le crut, & j'eûs quelque repos : mais
n'alla-t'il pas deux jours après vous rencontrer aux Thuilleries, où il avoit été s'atriſter
de votre abſence. Au retour, il étoit furieux,
il voulut me battre, tout bon qu'il eſt ; moi,
je ne le voulus point, & je le quittai. Mon
bonheur enſuite m'a mis chez Madame, où,
à force de ſe démener, je le trouve parvenu
à votre Intendance ; ce qu'il ne troqueroit
pas contre la place d'un Empereur.

ARAMINTE.

Y a-t'il rien de fi particulier ? Je fuis fi
laffe d'avoir des gens qui me trompent, que
je me réjoüiffois de l'avoir, par ce qu'il a de la
probité ; ce n'eft pas que je fois fâchée, car
je fuis bien au-deffus de cela.

DUBOIS.

Il y aura de la bonté à le renvoyer. Plus
il voit Madame, plus il s'achéve.

ARAMINTE.

Vraiment, je le renverrai bien ; mais ce
n'eft pas là ce qui le guérira : D'ailleurs, je
ne fai que dire à Monfieur Remy, qui me l'a
recommandé ; & ceci m'embarraffe. Je ne
vois pas trop comment m'en défaire honnê-
ment.

DUBOIS.

Oui ; mais vous en ferez un incurable,
Madame.

ARAMINTE *vivement*.

Oh ! Tant pis pour lui. Je fuis dans des
circonftances où je ne faurois me paffer d'un
Intendant ; & puis, il n'y a pas tant de rif-
que que tu le crois : au contraire, s'il y avoit
quelque chofe qui pût ramener cet homme,
c'eft l'habitude de me voir plus qu'il n'a fait ;
ce feroit même un fervice à lui rendre.

DUBOIS.

Oui, c'eft un reméde bien innocent. Pre-
miérement, il ne vous dira mot ; jamais vous

n'entendrez parler de son amour.

ARAMINTE.

En es-tu bien sûr ?

DUBOIS.

Oh ! Il ne faut pas en avoir peur ; il mour-
roit plûtôt. Il a un respect, une adoration,
une humilité pour vous, qui n'est pas conce-
vable. Est-ce que vous croiez qu'il songe à
être aimé ? Nullement. Il dit que dans l'Uni-
vers il n'y a personne qui le mérite ; il ne veut
que vous voir, vous considérer, regarder vos
yeux, vos graces, votre belle taille ; & puis
c'est tout : il me l'a dit mille fois.

ARAMINTE *hauſſant les épaules.*

Voilà qui est bien digne de compaſſion !
Allons, je patienterai quelque jours, en attendant que j'en aie un autre ; au surplus,
ne crains rien ; je suis contente de toi ; je ré-
compenserai ton zéle, & je ne veux pas que
tu me quittes ; entends-tu, Dubois ?

DUBOIS.

Madame, je vous suis dévoué pour la vie.

ARAMINTE.

J'aurai soin de toi : Sur-tout, qu'il ne sa-
che pas que je suis instruite ; garde un pro-
fond secret ; & que tout le monde, jusqu'à
Marton, ignore ce que tu m'as dit ; ce sont
de ces choses qui ne doivent jamais per-
cer.

DUBOIS.

DUBOIS.

Je n'en ai jamais parlé qu'à Madame.

ARAMINTE.

Le voici qui revient ; va-t'en.

❦❧❦❧❦❧❦❧❦❧❦❧❦❧❦❧❦❧❦❧

SCENE XV.

DORANTE, ARAMINTE.

ARAMINTE *un moment feule.*

LA vérité eft que voici une Confidence dont je me ferois bien paffée moi-même.

DORANTE.

Madame, je me rends à vos ordres.

ARAMINTE.

Oui, Monfieur ; de quoi vous parlois-
je ? Je l'ai oublié.

DORANTE.

D'un Procès avec Monfieur le Comte
Dorimont.

ARAMINTE.

Je me remets : Je vous difois qu'on veut
nous marier.

DORANTE.

Oui, Madame ; & vous alliez, je croi ;

D

ajoûter que vous n'étiez pas portée à ce mariage.

ARAMINTE.

Il est vrai. J'avois envie de vous charger d'examiner l'affaire , afin de savoir si je ne risquerois rien à plaider ; mais je croi devoir vous dispenser de ce travail ; je ne suis pas sûre de pouvoir vous garder.

DORANTE.

Ah ! Madame , vous avez eu la bonté de me rassurer là-dessus.

ARAMINTE.

Oui ; mais je ne faisois pas réflexion que j'ai promis à Monsieur le Comte de prendre un Intendant de sa main ; vous voyez bien qu'il ne seroit pas honnête de lui manquer de parole ; & du moins , faut-il que je parle à celui qu'il m'aménera.

DORANTE.

Je ne suis pas heureux ; rien ne me réüssit, & j'aurai la douleur d'être renvoyé.

ARAMINTE par foiblesse.

Je ne dis pas cela : Il n'y a rien de résolu là-dessus.

DORANTE.

Ne me laissez point dans l'incertitude où je suis, Madame.

ARAMINTE.

Eh ! Mais, oui ; je tâcherai que vous restiez ; je tâcherai.

DORANTE.

Vous m'ordonnez donc de vous rendre compte de l'affaire en question ?

ARAMINTE.

Attendons : Si j'allois épouser le Comte, vous auriez pris une peine inutile.

DORANTE

Je croyois avoir entendu dire à Madame , qu'elle n'avoit point de penchant pour lui.

ARAMINTE.

Pas encore.

DORANTE.

Et d'ailleurs , votre situation est si tranquille & si douce.

ARAMINTE *à part.*

Je n'ai pas le courage de l'affliger ! .. Eh bien , oui-dà ; examinez toujours , examinez. J'ai des papiers dans mon cabinet , je vais les chercher; vous viendrez les prendre, & je vous les donnerai. (*En s'en allant.*) je n'oserois presque le regarder !

SCENE XVI.

DORANTE, DUBOIS, *venant d'un air mysterieux & comme passant.*

DUBOIS.

MArton vous cherche pour vous montrer l'Appartement qu'on vous destine : Arlequin est allé boire ; j'ai dit que j'allois vous avertir, Comment vous traite-t'on ?

DORANTE.

Qu'elle est aimable ! Je suis enchanté ! De quelle façon a-t'elle reçû ce que tu lui as dit?

DUBOIS *comme en fuïant.*

Elle opine tout doucement à vous garder par compassion : Elle espére vous guérir par l'habitude de la voir.

DORANTE *charmé.*

Sincérement ?

DUBOIS.

Elle n'en réchapera point ; c'est autant de pris. Je m'en retourne.

DORANTE.

Reste, au contraire ; je crois que voici Marton. Dis-lui que Madame m'attend pour me remettre des papiers, & que j'irai la trouver dès que je les aurai.

DUBOIS.

Partez ; auffi-bien ai-je un petit avis à donner à Marton. Il eſt bon de jetter dans tous
les eſprits les ſoupçons dont nous avons be-
ſoin.

SCENE XVII.

DUBOIS, MARTON.

MARTON.

OU eſt donc Dorante ? Il me ſemble
l'avoir vû avec toi.

DUBOIS *bruſquement.*

Il dit que Madame l'attend pour des papiers ; il reviendra enſuite. Au reſte qu'eſt-il
néceſſaire qu'il voye cet Appartement ? S'il
n'en vouloit pas, il feroit bien délicat : pardi,
je lui conſeillerois....

MARTON.

Ce ne ſont pas là tes affaires : je ſuis les
ordres de Madame.

DUBOIS.

Madame eſt bonne & ſage : mais, prenez
garde, ne trouvez-vous pas que ce petit
galant-là fait les yeux doux ?

MARTON.

Il les fait comme il les a,

DUBOIS.

Je me trompe fort, fi je n'ai pas vû la mine de çe freluquet, confidérer, je ne fçai où, celle de Madame

MARTON.

Hé bien? Eft-ce qu'on te fâche quand on la trouve belle?

DUBOIS.

Non; mais je me figure quelquefois qu'il n'eft venu ici que pour la voir de plus près.

MARTON *riant.*

Ha! ha! quelle idée! Va, tu n'y entends rien; tu t'y connois mal.

DUBOIS *riant.*

Ha! ha! Je fuis donc bien fot.

MARTON *riant en s'en allant.*

Ha! ha! l'original avec fes obfervations!

DUBOIS *feul.*

Allez, allez, prenez toûjours; j'aurai foin de vous les faire trouver meilleures. Allons faire joüer toutes nos batteries.

Fin du premier Acte.

ACTE II.

SCENE PREMIERE.

ARAMINTE, DORANTE.

DORANTE.

NOn, Madame, vous ne risquez rien; vous pouvez plaider en toute sûreté. J'ai même consulté plusieurs personnes, l'affaire est excellente; & si vous n'avez que le motif dont vous parlez pour épouser Monsieur le Comte, rien ne vous oblige à ce mariage.

ARAMINTE.

Je l'affligerai beaucoup, & j'ai de la peine à m'y résoudre.

DORANTE.

Il ne seroit pas juste de vous sacrifier à la crainte de l'affliger.

ARAMINTE.

Mais avez-vous bien examiné? Vous me disiez tantôt que mon état étoit doux & tranquille; n'aimeriez-vous pas mieux que j'y restasse? N'êtes-vous pas un peu trop prévenu contre le mariage, & par conséquent contre Monsieur le Comte?

DORANTE.

Madame, j'aime mieux vos intérêts que les siens, & que ceux de qui que ce soit au monde.

ARAMINTE.

Je ne saurois y trouver à redire ; en tout cas, si je l'épouse, & qu'il veuille en mettre un autre ici, à votre place ; vous n'y perdrez point ; je vous promets de vous en trouver une meilleure.

DORANTE *tristement.*

Non, Madame : si j'ai le malheur de perdre celle-ci, je ne serai plus à personne ; & apparament que je la perdrai ; je m'y attends.

ARAMINTE.

Je crois pourtant que je plaiderai ; nous verrons.

DORANTE.

J'avois encore une petite chose à vous dire, Madame. Je viens d'apprendre que le Concierge d'une de vos terres est mort, on pourroit y mettre un de vos gens, & j'ai songé à Dubois, que je remplacerai ici par un domestique dont je réponds.

ARAMINTE.

Non, envoyez plûtôt votre homme au Château, & laissez-moi Dubois ; c'est un garçon de confiance qui me sert bien, & que je veux garder. A propos, il m'a dit, ce me semble, qu'il avoit été à vous quelque tems ?

DORANTE

DORANTE *feignant un peu d'embarras.*

Il est vrai, Madame : il est fidéle ; mais peu exact. Rarement, au reste, ces gens-là parlent-ils bien de ceux qu'ils ont servi. Ne me nuiroit-il point dans votre esprit ?

ARAMINTE *négligemment.*

Celui-ci dit beaucoup de bien de vous, & voilà tout. Que me veut Monsieur Remy ?

SCENE II.

ARAMINTE, DORANTE, Monsieur REMY.

Monsieur REMY.

MAdame, je suis votre très - humble serviteur. Je viens vous remercier de la bonté que vous avez euë de prendre mon neveu à ma recommandation.

ARAMINTE.

Je n'ai pas hésité, comme vous l'avez vû.

Monsieur REMY.

Je vous rends mille graces Ne m'aviez-vous pas dit qu'on vous en offroit un autre ?

ARAMINTE.

Oui, Monsieur.

Monsieur REMY.

Tant mieux ; car je viens vous demander

E

celui-ci pour une affaire d'importance.

DORANTE *d'un air de refus.*

Et d'où vient, Monsieur ?

Monsieur REMY.

Patience.

ARAMINTE.

Mais, Monsieur Remy, ceci est un peu vif ; vous prenez assez mal votre tems , & j'ai refusé l'autre personne.

DORANTE.

Pour moi, je ne sortirai jamais de chez Madame qu'elle ne me congédie.

Monsieur REMY *brusquement.*

Vous ne sçavez ce que vous dites. Il faut pourtant sortir ; vous allez voir. Tenez, Madame , jugez - en vous-même ; voici de quoi il est question. C'est une Dame de trente-cinq ans, qu'on dit jolie femme , estimable, & de quelque distinction ; qui ne déclare pas son nom ; qui dit que j'ai été son Procureur ; qui a quinze mille livres de rente, pour le moins , ce qu'elle prouvera ; qui a vû Monsieur chez moi ; qui lui a parlé ; qui sçait qu'il n'a pas de bien, & qui offre de l'épouser sans délai : & la personne, qui est venuë chez moi de sa part, doit revenir tantôt pour sçavoir la réponse , & vous mener tout de suite chez elle. Cela est-il net ? Y a-t-il à se consulter là-dessus ? Dans deux heures il faut être au logis, Ai-je tort, Madame ?

ARAMINTE *froidement.*

C'est à lui à répondre.

Monsieur REMY.

Eh bien ! à quoi pense-t-il donc ? Viendrez-vous ?

DORANTE.

Non, Monsieur, je ne suis pas dans cette disposition-là.

Monsieur REMY.

Hum ! Quoi ? entendez-vous ce que je vous dis, qu'elle a quinze mille livres de rente, entendez-vous ?

DORANTE.

Oui, Monsieur ; mais en eût-elle vingt fois davantage, je ne l'épouserois pas ; nous ne serions heureux ni l'un ni l'autre : j'ai le cœur pris ; j'aime ailleurs.

Monsieur REMY *d'un ton railleur, &*
traînant ses mots.

J'ai le cœur pris : voilà qui est fâcheux : Ah, ah, le cœur est admirable ! Je n'aurois jamais deviné la beauté des scrupules de ce cœur-là, qui veut qu'on reste Intendant de la maison d'autrui, pendant qu'on peut l'être de la sienne. Est-ce là votre dernier mot, Berger fidéle ?

DORANTE.

Je ne saurois changer de sentiment, Monsieur.

Monſieur R E M Y.

Oh ! le ſot cœur, mon neveu ! Vous êtes un imbécile, un inſenſé ; & je tiens celle que vous aimez pour une guenon, ſi elle n'eſt pas de mon ſentiment ; n'eſt-il pas vrai, Madame, & ne le trouvez-vous pas extravagant ?

ARAMINTE *doucement.*

Ne le querellez point. Il paroît avoir tort, j'en conviens.

Monſieur R E M Y *vivement.*

Comment, Madame, il pourroit !

ARAMINTE.

Dans ſa façon de penſer je l'excuſe. Voyez pourtant, Dorante, tâchez de vaincre votre penchant, ſi vous le pouvez ; je ſçai bien que cela eſt difficile.

DORANTE.

Il n'y a pas moyen, Madame, mon amour m'eſt plus cher que ma vie.

Monſieur R E M Y *d'un air étonné.*

Ceux qui aiment les beaux ſentimens doivent être contens ; en voilà un des plus curieux qui ſe faſſe. Vous trouvez donc cela raiſonnable, Madame ?

ARAMINTE.

Je vous laiſſe ; parlez-lui vous - même. (*à part*) Il me touche tant qu'il faut que je m'en aille ! (*Elle ſort.*)

DORANTE.

Il ne croit pas ſi bien me ſervir.

SCENE III.

DORANTE, Monfieur REMY, MARTON.

Monfieur REMY *regardant fon neveu.*

Dorante, fçais-tu bien qu'il n'y a point de fol aux petites maifons de ta force. (*Marton arrive*) Venez, Mademoifelle Marton.

MARTON.

Je viens d'apprendre que vous étiez ici.

Monfieur REMY.

Dites-nous un peu votre fentiment : que penfez-vous de quelqu'un qui n'a point de bien, & qui refufe d'époufer une honnête & fort jolie femme, avec quinze mille livres de rente bien venans ?

MARTON.

Votre queftion eft bien aifée à décider ; ce quelqu'un rêve.

Monfieur REMY *montrant Dorante.*

Voilà le rêveur ; &, pour excufe, il allegue fon cœur que vous avez pris : mais comme apparamment il n'a pas encore emporté le vôtre, & que je vous crois encore, à peu près, dans tout votre bon fens, vû le peu de

E iij

tems qu'il y a que vous le connoiffez, je vous prie de m'aider à le rendre plus fage. Affûrément vous êtes fort jolie, mais vous ne le difputerez point à un pareil établiffement : il n'y a point de beaux yeux qui vaillent ce prix-là.

MARTON.

Quoi ! Monfieur Remy, c'eft de Dorante dont vous parlez ? C'eft pour fe garder à moi qu'il refufe d'être riche ?

Monfieur REMY.

Tout jufte, & vous êtes trop généreufe pour le fouffrir.

MARTON *avec un air de paffion.*

Vous vous trompez, Monfieur, je l'aime trop moi-même pour l'en empêcher, & je fuis enchantée : Ah ! Dorante, que je vous eftime ! Je n'aurois pas crû que vous m'aimaffiez tant !

Monfieur REMY.

Courage ! Je ne fais que vous le montrer, & vous en êtes déja coëffée ! Pardi, le cœur d'une femme eft bien étonnant ! le feu y prend bien vîte.

MARTON *comme chagrine.*

Eh ! Monfieur, faut-il tant de bien pour être heureux ? Madame, qui a de la bonté pour moi, fupléera en partie, par fa générofité, à ce qu'il me facrifie. Que je vous ai d'obligation, Dorante !

DORANTE.

Oh ! non , Mademoiselle , aucune ; vous n'avez point de gré à me fçavoir de ce que je fais ; je me livre à mes fentimens , & ne regarde que moi là-dedans : vous ne me devez rien ; je ne penfe pas à votre reconnoiffance.

MARTON.

Vous me charmez : que de délicateffe ! Il n'y a encore rien de fi tendre que ce que vous me dites.

Monfieur REMY.

Par ma foi , je ne m'y connois donc guere; car je le trouve bien plat. (*A Marton*) Adieu , la belle enfant , je ne vous aurois , ma foi , pas évaluée ce qu'il vous achette. Serviteur. Idiot , garde ta tendreffe , & moi ma fucceffion. (*Il fort.*)

MARTON.

Il eft en colere ; mais nous l'appaiferons.

DORANTE.

Je l'efpére. Quelqu'un vient.

MARTON.

C'eft le Comte , celui dont je vous ai parlé, & qui doit époufer Madame.

DORANTE.

Je vous laiffe donc ; il pourroit me parler de fon procès : vous fçavez ce que je vous ai dit là-deffus , & il eft inutile que je le voye.

SCENE IV.

LE COMTE, MARTON.

LE COMTE.

Bon jour, Marton.

MARTON.

Vous voilà donc revenu, Monſieur?

LE COMTE.

Oui. On m'a dit qu'Araminte ſe prome-
noit dans le jardin, & je viens d'apprendre
de ſa mere une choſe qui me chagrine: Je
lui avois retenu un Intendant, qui devoit
aujourd'hui entrer chez elle, & cependant
elle en a pris un autre qui ne plaît point à la
mere, & dont nous n'avons rien à eſperer.

MARTON.

Nous n'en devons rien craindre non plus,
Monſieur. Allez, ne vous inquiétez point,
c'eſt un galant homme; & ſi la mere n'en eſt
pas contente, c'eſt un peu de ſa faute: elle
a débuté tantôt par le bruſquer d'une maniére ſi outrée, l'a traité ſi mal, qu'il n'eſt
pas étonnant qu'elle ne l'ait point gagné.
Imaginez-vous qu'elle l'a querellé de ce qu'il
eſt bien fait.

LE COMTE.

Ne seroit-ce point lui que je viens de voir sortir d'avec vous ?

MARTON.

Lui-même.

LE COMTE.

Il a bonne mine, en effet, & n'a pas trop l'air de ce qu'il est.

MARTON.

Pardonnez-moi , Monsieur ; car il est honnête homme.

LE COMTE.

N'y auroit-il pas moyen de raccommoder cela ? Araminte ne me hait pas, je pense ; mais elle est lente à se déterminer ; & pour achever de la résoudre, il ne s'agiroit plus que de lui dire, que le sujet de notre discussion est douteux pour elle. Elle ne voudra pas soûtenir l'embarras d'un procès. Parlons à cet Intendant ; s'il ne faut que de l'argent pour le mettre dans nos intérêts , je ne l'épargnerai pas.

MARTON.

Oh, non ; ce n'est point un homme à mener par là ; c'est le garçon de France le plus désintéressé.

LE COMTE.

Tant pis ; ces gens-là ne sont bons à rien.

MARTON.

Laissez-moi faire.

SCENE V.

LE COMTE, ARLEQUIN, MARTON.

ARLEQUIN.

Mademoiselle, voilà un homme qui en demande un autre ; sçavez-vous qui c'est.

MARTON *brusquement.*

Et qui est cet autre ? A quel homme en veut il ?

ARLEQUIN.

Ma foi, je n'en sçai rien ; c'est de quoi je m'informe à vous.

MARTON.

Fais-le entrer.

ARLEQUIN *le faisant sortir des coulisses.*

Hé ! le Garçon ! venez ici dire votre affaire.

SCENE VI.

LE COMTE, LE GARÇON, MARTON, ARLEQUIN.

MARTON.

Qui cherchez-vous ?

LE GARÇON.

Mademoiselle, je cherche un certain Monsieur, à qui j'ai à rendre un portrait, avec une boëte, qu'il nous a fait faire : il nous a dit qu'on ne la remît qu'à lui-même, & qu'il viendroit la prendre ; mais comme mon pere est obligé de partir demain pour un petit voyage, il m'a envoyé pour la lui rendre, & on m'a dit que je sçaurois de ses nouvelles ici. Je le connois de vûe ; mais je ne sçai pas son nom.

MARTON.

N'est-ce pas vous, Monsieur le Comte ?

LE COMTE.

Non, sûrement.

LE GARÇON.

Je n'ai point affaire à Monsieur, Mademoiselle, c'est une autre personne.

MARTON.

Et chez qui vous a-t-on dit que vous le trouveriez ?

LE GARÇON.

Chez un Procureur qui s'appelle Monſieur Remy.

LE COMTE.

Ah ! n'eſt-ce pas le Procureur de Madame ? Montrez-nous la Boëte.

LE GARÇON.

Monſieur, cela m'eſt défendu je n'ai ordre de la donner qu'à celui à qui elle eſt : le Portrait de la Dame eſt dedans.

LE COMTE.

Le Portrait d'une Dame ! Qu'eſt-ce que cela ſignifie ? ſeroit-ce celui d'Araminte ? Je vais tout à l'heure ſçavoir ce qui en eſt.

SCENE VII.

MARTON, LE GARÇON.

MARTON.

VOus avez mal fait de parler de ce portrait devant lui. Je ſçai qui vous cherchez ; c'eſt le neveu de Monſieur Remy, de chez qui vous venez.

LE GARÇON.

Je le crois auſſi, Mademoiſelle.

MARTON.

Un grand homme, qui s'appelle Monſieur Dorante.

LE GARÇON.

Il me semble que c'est son nom.

MARTON.

Il me l'a dit : je suis dans sa confidence.
Avez-vous remarqué le Portrait ?

LE GARÇON.

Non ; je n'ai pas pris garde à qui il ressemble.

MARTON.

Hé bien, c'est de moi dont il s'agit : Monsieur Dorante n'est pas ici, & ne reviendra pas si-tôt. Vous n'avez qu'à me remettre la Boëte ; vous le pouvez en toute sûreté ; vous lui feriez même plaisir. Vous voyez que je suis au fait.

LE GARÇON.

C'est ce qui me paroît. La voilà, Mademoiselle. Ayez donc, je vous prie, le soin de la lui rendre, quand il sera venu.

MARTON.

Oh, je n'y manquerai pas.

LE GARÇON.

Il y a encore une bagatelle qu'il doit dessus, mais je tâcherai de repasser tantôt ; & si il n'y étoit pas, vous auriez la bonté d'achever de payer.

MARTON.

Sans difficulté. Allez. (à part.) Voici Dorante. (au Garçon.) Retirez-vous vîte.

SCENE VIII.
MARTON, DORANTE.

MARTON *un moment seule & joyeuse.*
CE ne peut être que mon Portrait. Le charmant homme ! Monsieur Remy a raison de dire qu'il y avoit quelque tems qu'il me connoissoit.

DORANTE.
Mademoiselle, n'avez-vous pas vû ici quelqu'un qui vient d'arriver ? Arlequin croit que c'est moi qu'il demande.

MARTON *le regardant avec tendresse.*
Que vous étes aimable, Dorante ! je serois bien injuste de ne vous pas aimer. Allez, soyez en repos ; l'ouvrier est venu ; je lui ai parlé ; j'ai la Boëte ; je la tiens.

DORANTE.
J'ignore....

MARTON.
Point de mistére ; je la tiens, vous dis-je, & je ne m'en fâche pas. Je vous là rendrai quand je l'aurai vûë. Retirez-vous, voici Madame avec sa mere & le Comte ; c'est, peut-être, de cela qu'ils s'entretiennent.

Laiſſez-moi les calmer là-deſſus, & ne les attendez pas.

DORANTE *en s'en allant, & riant.*

Tout a réuſſi ! elle prend le change à merveille !

━━━━━━━━━━━━━━━━━━━━━━━━

SCENE IX.

ARAMINTE, LE COMTE, Madame ARGANTE, MARTON.

ARAMINTE.

MArton, qu'eſt-ce que c'eſt qu'un Portrait, dont Monſieur le Comte me parle, qu'on vient d'apporter ici à quelqu'un qu'on ne nomme pas, & qu'on ſoupçonne être le mien ? Inſtruiſez-moi de cette hiſtoire-là.

MARTON *d'un air rêveur.*

Ce n'eſt rien, Madame, je vous dirai ce que c'eſt : je l'ai démêlé après que Monſieur le Comte eſt parti ; il n'a que faire de s'alarmer. Il n'y a rien-là qui vous intéreſſe.

LE COMTE.

Comment le ſçavez-vous, Mademoiſelle ? Vous n'avez point vû le Portrait ?

MARTON.

N'importe, c'eſt tout comme ſi je l'avois
vû. Je ſçai qui il regarde ; n'en ſoyez point
en peine.

LE COMTE.

Ce qu'il y a de certain, c'eſt un Portrait
de femme, & c'eſt ici qu'on vient chercher
la perſonne qui l'a fait faire, à qui on doit
le rendre, & ce n'eſt pas moi.

MARTON.

D'accord. Mais quand je vous dis que
Madame n'y eſt pour rien, ni vous non
plus.

ARAMINTE.

Eh bien, ſi vous étes inſtruite, dites-nous
donc dequoi il eſt queſtion ; car je veux le
ſçavoir ? On a des idées qui ne me plaiſent
point. Parlez.

Madame ARGANTE.

Oüi, ceci a un air de myſtere qui eſt dé-
ſagréable. Il ne faut pourtant pas vous fâcher, ma fille : Monſieur le Comte vous aime, & un peu de jalouſie, même injuſte,
ne meſſiéd pas à un amant.

LE COMTE.

Je ne ſuis jaloux que de l'inconnu qui oſe
ſe donner le plaiſir d'avoir le Portrait de Madame.

ARAMINTE vivement.

Comme il vous plaira, Monſieur, mais
j'ai

j'ai entendu ce que vous vouliez dire, & je
crains un peu ce caractere d'esprit-là. Eh bien,
Marton?

MARTON.

Eh bien, Madame, voilà bien du bruit!
C'est mon Portrait.

LE COMTE.

Votre portrait?

MARTON.

Oüi, le mien. Eh pourquoi non, s'il vous
plaît? Il ne faut pas tant se récrier.

Madame ARGANTE.

Je suis assez comme Monsieur le Comte;
la chose me paroît singuliere.

MARTON.

Ma foi, Madame, sans vanité, on en
peint tous les jours, & de plus hupées, qui
ne me valent pas.

ARAMINTE.

Et qui est-ce qui a fait cette dépense-là
pour vous?

MARTON.

Un très-aimable homme qui m'aime, qui
a de la délicatesse & des sentimens, & qui
me recherche; &, puisqu'il faut vous le nom-
mer, c'est Dorante.

ARAMINTE.

Mon Intendant?

MARTON.

Lui-même.

F

Madame ARGANTE.

Le fat ! avec ses sentimens.

ARAMINTE *brusquement.*

Eh ! vous nous trompez : depuis qu'il est
ici, a-t-il eu le tems de vous faire peindre ?

MARTON.

Mais ce n'est pas d'aujourd'hui qu'il me
connoît.

ARAMINTE *vivement.*

Donnez donc.

MARTON.

Je n'ai pas encore ouvert la Boëte, mais
c'est moi que vous y allez voir.

(Araminte l'ouvre, tous regardent.)

LE COMTE.

Eh ! je m'en doutois bien, c'est Madame.

MARTON.

Madame !... il est vrai ; & me voilà bien
loin de mon compte ! *(à part.)* Dubois avoit
raison tantôt.

ARAMINTE *à part.*

Et moi je vois clair. *(à Marton.)* Par
quel hazard avez-vous crû que c'étoit vous ?

MARTON.

Ma foi, Madame, toute autre que moi
s'y feroit trompée. Monsieur Remy me dit
que son neveu m'aime, qu'il veut nous marier ensemble ; Dorante est présent, & ne

dit point non ; il refufe devant moi un très-riche parti ; l'oncle s'en prend à moi, me dit que j'en fuis caufe. Enfuite vient un homme qui apporte ce Portrait, qui vient chercher ici celui à qui il appartient ; je l'interroge : à tout ce qu'il répond, je reconnois Dorante. C'eft un portrait de femme, Dorante m'aime jufqu'à refufer fa fortune pour moi, je conclus donc que c'eft moi qu'il a fait peindre. Ai-je eu tort ? J'ai pourtant mal conclu. J'y renonce ; tant d'honneur ne m'appartient point. Je crois voir toute l'étenduë de ma méprife, & je me tais.

ARAMINTE.

Ah ! ce n'eft pas-là une chofe bien difficile à deviner. Vous faites le fâché, l'étonné, Monfieur le Comte, il y a eu quelque malentendu dans les mefures que vous avez prifes ; mais vous ne m'abufez point ; c'eft à vous qu'on apportoit le Portrait. Un homme, dont on ne fçait pas le nom, qu'on vient chercher ici, c'eft vous, Monfieur, c'eft vous.

MARTON *d'un air férieux.*

Je ne crois pas.

Madame ARGANTE.

Oüi, oüi, c'eft Monfieur : à quoi bon vous en défendre ? Dans les termes où vous en êtes avec ma fille, ce n'eft pas-là un fi grand crime ; allons, convenez-en.

LE COMTE froidement.

Non, Madame, ce n'eſt point moi, ſur mon honneur, je ne connois pas ce Monſieur Remy ; comment auroit-on dit chez lui qu'on auroit de mes nouvelles ici ? Cela ne ſe peut pas.

Madame ARGANTE *d'un air penſif.*

Je ne faiſois pas d'attention à cette circonſtance.

ARAMINTE.

Bon ! qu'eſt-ce que c'eſt qu'une circonſtance de plus ou de moins ? je n'en rabas rien. Quoi qu'il en ſoit je le garde, perſonne ne l'aura. Mais quel bruit entendons-nous ? Voyez ce que c'eſt, Marton.

SCENE X.

ARAMINTE, LE COMTE, Me. ARGANTE, MARTON, DUBOIS, ARLEQUIN.

ARLEQUIN en entrant.

TU es un plaiſant magot !

MARTON.

A qui en avez-vous donc, vous autres ?

DUBOIS.

Si je diſois un mot, ton maître ſortiroit bien vîte.

ARLEQUIN.

Toi ? Nous nous soucions de toi & de
toute ta race de canaille, comme de cela.

DUBOIS.

Comme je te bâtonnerois sans le respect
de Madame.

ARLEQUIN.

Arrive, arrive : la voilà, Madame.

ARAMINTE.

Quel sujet avez-vous donc de quereller ?
De quoi s'agit-il ?

Madame ARGANTE.

Approchez, Dubois. Apprenez-nous ce
que c'est que ce mot que vous diriez contre
Dorante ; il seroit bon de sçavoir ce que
c'est.

ARLEQUIN.

Prononce donc ce mot.

ARAMINTE.

Tais-toi ; laisse-le parler.

DUBOIS.

Il y a une heure qu'il me dit mille invec-
tives, Madame.

ARLEQUIN.

Je soutiens les interêts de mon Maître, je
tire des gages pour cela, & je ne souffrirai
point qu'un ostrogot menace mon Maître
d'un mot ; j'en demande justice à Madame.

Madame ARGANTE.

Mais, encore une fois, sçachons ce que

veut dire Dubois, par ce mot ; c'eſt le plus
preſſé.

ARLEQUIN.

Je lui défie d'en dire ſeulement un lettre.

DUBOIS.

C'eſt par pure colere que j'ai fait cette menace, Madame, & voici la cauſe de la diſpute. Et arrangeant l'Appartement de Monſieur Dorante, j'y ai vû par hazard, un Tableau où Madame eſt peinte, & j'ai crû qu'il
falloit l'ôter, qu'il n'avoit que faire-là, qu'il
n'étoit point décent qu'il y reſtât ; de ſorte
que j'ai été pour le détacher, ce butord
eſt venu pour m'en empêcher, & peu s'en
eſt falu que nous ne nous ſoyons battus.

ARLEQUIN.

Sans doute, de quoi t'aviſes-tu d'ôter ce
Tableau qui eſt tout-à-fait gracieux, que
mon Maître conſidéroit, il n'y avoit qu'un
moment, avec toute la ſatisfaction poſſible ?
Car je l'avois vû qu'il l'avoit contemplé de
tout ſon cœur, & il prend fantaiſie à ce brutal de le priver d'une peinture qui réjoüit cet
honnête homme. Voyez la malice ! ôte-lui
quelqu'autre meuble, s'il y en a trop, mais
laiſſe-lui cette piéce, animal!

DUBOIS.

Et moi je te dis, qu'on ne la laiſſera point ;
que je la détacherai moi-même, que tu en

auras le démenti, & que Madame le voudra
ainsi.

ARAMINTE.

Eh! Que m'importe? Il étoit bien nécessaire de faire ce bruit-là pour un vieux Tableau qu'on a mis là par hazard, & qui y est resté. Laissez-nous. Cela vaut-il la peine qu'on en parle?

Madame ARGANTE *d'un ton aigre.*

Vous m'excuserez, ma fille; ce n'est point-là sa place, & il n'y a qu'à l'ôter; votre Intendant se passera bien de ses contemplations.

ARAMINTE *souriant d'un air railleur.*

Oh, vous avez raison: je ne pense pas qu'il les regrette. (*à Arlequin & à Dubois.*) Retirez-vous tous deux.

SCENE XI.

ARAMINTE, LE COMTE, Me ARGANTE, MARTON.

LE COMTE *d'un ton railleur.*

CE qui est de sûr, c'est que cet homme d'affaire là est de bon goût.

ARAMINTE *ironiquement.*

Oui, la réflexion est juste. Effectivement,

il eſt fort extraordinaire qu'il ait jetté les yeux ſur ce Tableau.

Madame ARGANTE.

Cet homme-là ne m'a jamais plû un inſ-tant, ma fille; vous le ſçavez, j'ai le coup d'œil aſſez bon, & je ne l'aime point. Croyez-moi, vous avez entendu la menace que Du-bois a faite en parlant de lui, j'y reviens en-core, il faut qu'il ait quelque choſe à en dire. Interrogez-le; ſachons ce que c'eſt, je ſuis per-ſuadée que ce petit Monſieur-là ne vous con-vient point : nous le voyons tous, il n'y a que vous qui n'y prenez pas garde.

MARTON *négligemment.*

Pour moi je n'en ſuis pas contente.

ARAMINTE *riant ironiquement.*

Qu'eſt-ce donc que vous voyez, & que je ne vois point? Je manque de pénétra-tion : j'avouë que je m'y perds! Je ne vois pas le ſujet de me défaire d'un homme qui m'eſt donné de bonne main, qui eſt un homme de quelque choſe, qui me ſert bien, & que trop bien, peut-être; voilà ce qui n'échape pas à ma pénétration, par exemple.

Madame ARGANTE.

Que vous êtes avéugle!

ARAMINTE *d'un air ſoûriant.*

Pas tant; chacun a ſes lumieres. Je con-ſens, au reſte d'écouter Dubois, le conſeil eſt bon, & je l'approuve. Allez, Marton,

allez

allez lui dire que je veux lui parler. S'il me donne des motifs raisonnables de renvoyer cet Intendant, assez hardi pour regarder un Tableau, il ne restera pas long-temps chez moi ; sans quoi, on aura la bonté de trouver bon que je le garde, en attendant qu'il me déplaise, à moi.

Madame ARGANTE *vivement.*

Hé bien, il vous déplaira, je ne vous en dis pas davantage, en attendant de plus fortes preuves.

LE COMTE.

Quant à moi, Madame, j'avouë que j'ai craint qu'il ne me servît mal auprès de vous, qu'il ne vous inspirât l'envie de plaider, & j'ai souhaité, par pure tendresse, qu'il vous en détournât. Il aura pourtant beau faire, je déclare que je renonce à tous Procès avec vous, que je ne veux, pour arbitre de notre discussion, que vous & vos gens d'affaires, & que j'aime mieux perdre tout que de rien disputer.

Madame ARGANTE *d'un ton décisif.*

Mais où seroit la dispute ! Le mariage termineroit tout, & le vôtre est comme arrêté.

LE COMTE.

Je garde le silence sur Dorante : je reviendrai, simplement, voir ce que vous pensez de lui ; & si vous le congédiez, comme je le présume, il ne tiendra qu'à vous de pren-

G

dre celui que je vous offrois, & que je retiendrai encore quelque tems.

Madame ARGANTE.

Je ferai comme Monfieur, je ne vous parlerai plus de rien non plus; vous m'accuſeriez de viſion; & votre entêtement finira ſans notre ſecours. Je compte beaucoup ſur Dubois que voici, & avec lequel nous vous laiſſons.

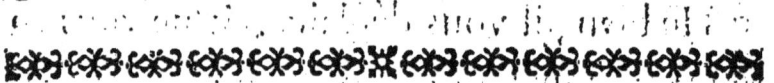

SCENE XII.

DUBOIS, ARAMINTE.

DUBOIS.

ON m'a dit que vous vouliez me parler, Madame.

ARAMINTE.

Viens ici. Tu es bien imprudent, Dubois, bien indiſcret! Moi qui ai ſi bonne opinion de toi, tu n'as guére d'attention pour ce que je te dis. Je t'avois recommandé de te taire ſur le chapitre de Dorante; tu en ſçais les conſéquences ridicules, & tu me l'avois promis: Pourquoi donc avoir priſe, ſur ce miſérable Tableau, avec un ſot qui fait un vacarme épouventable, & qui vient ici tenir des diſcours tous propres à donner des idées que je ſerois au déſeſpoir qu'on eût?

DUBOIS.

Ma foi, Madame, j'ai crû la chose sans conféquence, & je n'ai agi, d'ailleurs, que par un mouvement de refpect & de zéle.

ARAMINTE *d'un air vif.*

Eh! laiffe-là ton zéle, ce n'eft pas-là celui que je veux, ni celui qu'il me faut ; c'eft de ton filence dont j'ai befoin pour me tirer de l'embarras où je fuis, & où tu m'as jetté toi-même; car, fans toi, je ne fçavois pas que cet homme-là m'aime, & je n'aurois que faire d'y regarder de fi près.

DUBOIS.

J'ai bien fenti que j'avois tort.

ARAMINTE.

Paffe encore pour la difpute ; mais pour-quoi s'écrier : *Si je difois un mot* ! Y a-t'il rien de plus mal à toi?

DUBOIS.

C'eft encore une fuite de ce zéle mal-en-tendu.

ARAMINTE.

Hé bien, tais-toi donc, tais-toi. Je vou-drois pouvoir te faire oublier ce que tu m'as dit.

DUBOIS.

Oh, je fuis bien corrigé.

ARAMINTE.

C'eft ton étourderie qui me force actuel-lement de te parler, fous pretexte de t'inter-

roger fur ce que tu fçais de lui. Ma mere &
Monfieur le Comte s'attendent que tu vas
m'en apprendre des chofes étonnantes. Quel
rapport leur ferai-je à préfent ?

DUBOIS.

Ah ! il n'y a rien de plus facile à raccommoder : ce rapport fera que des gens , qui le
connoiffent , m'ont dit que c'étoit un homme incapable de l'emploi qu'il a chez vous ;
quoiqu'il foit fort habile , au moins , ce n'eft
pas cela qui lui manque.

ARAMINTE.

A la bonne heure. Mais il y aura un in-
convenient , s'il en eft capable ; on me dira
de le renvoyer , & il n'eft pas encore temps :
j'y ai penfé depuis ; la prudence ne le veut
pas , & je fuis obligée de prendre des biais ,
& d'aller tout doucement avec cette paffion fi exceffive que tu dis qu'il a , & qui
éclateroit, peut-être , dans fa douleur. Me
fierois-je à un défefperé ? Ce n'eft plus le befoin que j'ai de lui qui me retient, c'eft moi
que je ménage , (*elle radoucit le ton.*) A
moins que ce qu'a dit Marton né foit vrai ,
auquel cas , je n'aurois plus rien à craindre.
Elle prétend qu'il l'avoit déjà vûë chez
Monfieur Remy , & que le Procureur a dit ,
même devant lui , qu'il l'aimoit depuis long-
temps , & qu'il falloit qu'ils fe mariaffent ;
je le voudrois.

DUBOIS.

Bagatelle ! Dorante n'a vû Marton ni de près ni de loin ; c'est le Procureur qui a débité cette fable-là à Marton, dans le dessein de les marier ensemble : & moi, je n'ai pas osé l'en dédire, m'a dit Dorante, parce que j'aurois indisposé contre moi cette fille, qui a du crédit auprès de sa Maîtresse, & qui a crû ensuite que c'étoit pour elle que je refusois les Quinze mille livres de rente qu'on m'offroit.

ARAMINTE *négligemment*.

Il t'a donc tout conté ?

DUBOIS.

Oui, il n'y a qu'un moment dans le Jardin où il a voulu presque se jetter à mes genoux, pour me conjurer de lui garder le secret sur sa passion, & d'oublier l'emportement qu'il eut avec moi quand je le quittai. Je lui ai dit que je me tairois ; mais que je ne prétendois pas rester dans la maison avec lui, & qu'il falloit qu'il sortît ; ce qui l'a jetté dans des gémissemens, dans des pleurs, dans le plus triste état du monde.

ARAMINTE.

Eh ! Tant pis. Ne le tourmente point. Tu vois bien que j'ai raison de dire qu'il faut aller doucement avec cet esprit-là ; tu le vois bien. J'augurois beaucoup de ce mariage avec Marton ; je croyois qu'il m'oublieroit, &

point du tout ; il n'eſt queſtion de rien.

DUBOIS *comme s'en allant.*

Pure fable ! Madame , a-t'elle encore quelque choſe à me dire ?

ARAMINTE.

Attends. Comment faire ? Si lorſqu'il me
parle , il me mettoit en droit de me plaindre
de lui , mais il ne lui échape rien ; je ne ſçai
de ſon amour que ce que tu m'en dis ; & je ne
ſuis pas aſſez fondée pour le renvoyer. Il eſt
vrai qu'il me fâcheroit s'il parloit ; mais il ſeroit à propos qu'il me fâchât.

DUBOIS.

Vraiment oui. Monſieur Dorante n'eſt
point digne de Madame. S'il étoit dans une
plus grande fortune , comme il n'y a rien à
dire à ce qu'il eſt né , ce ſeroit un autre affaire : mais il n'eſt riche qu'en mérite , & ce
n'eſt pas aſſez.

ARAMINTE *d'un ton comme triſte.*

Vraiment non ; voilà les uſages. Je ne ſçai
pas comment je le traiterai ; je n'en ſçai rien ;
je verrai.

DUBOIS.

Eh bien ; Madame a un ſi beau prétexte...
Ce portrait que Marton a crû être le ſien , à
ce qu'elle m'a dit.

ARAMINTE.

Eh ! non ; je ne ſçaurois l'en accuſer ; c'eſt
le Comte qui l'a fait faire.

DUBOIS.

Point du tout , c'eſt de Dorante, je le ſçai
de lui-même ; & il y travailloit encore il n'y
a que deux mois, lorſque je le quittai.

ARAMINTE.

Va-t'en. Il y a long-temps que je te parle.
Si on me demande ce que tu m'as appris de
lui, je dirai ce dont nous ſommes convenus.
Le voici, j'ai envie de lui tendre un piége.

DUBOIS.

Oui, Madame. Il ſe déclarera , peut-être,
& tout de ſuite je lui dirois : ſortez.

ARAMINTE.

Laiſſe-nous.

❈❈❈❈❈❈❈❈❈❈❈❈❈❈❈

SCENE XIII.

DORANTE, ARAMINTE,
DUBOIS.

DUBOIS *ſortant, & en paſſant auprès de*
Darante & rapidement.

IL m'eſt impoſſible de l'inſtruire ; mais
qu'il ſe découvre, ou non, les choſes ne
peuvent aller que bien.

DORANTE.

Je viens, Madame, vous demander votre

protection. Je fuis dans le chagrin & dans l'inquiétude. J'ai tout quitté pour avoir l'honneur d'être à vous, je vous fuis plus attaché que je ne puis le dire ; on ne fçauroit vous fervir avec plus de fidélité ni défintéreffement ; & cependant je ne fuis pas fûr de refter. Tout le monde ici m'en veut, me perfécute, & confpire pour me faire fortir. J'en fuis confterné, je tremble que vous ne cédiez à leur inimitié pour moi, & j'en ferois dans la derniere affliction.

ARAMINTE *d'un ton doux.*

Tranquillifez-vous ; vous ne dépendez point de ceux qui vous en veulent ; ils ne vous ont encore fait aucun tort dans mon efprit, & tous leurs petits complots n'aboutiront à rien ; je fuis la Maîtreffe.

DORANTE *d'un air bien inquiet.*

Je n'ai que votre appui, Madame.

ARAMINTE.

Il ne vous manquera pas. Mais je vous confeille une chofe : ne leur paroiffez-pas fi allarmé ; vous leur feriez douter de votre capacité, & il leur fembleroit que vous m'auriez beaucoup d'obligation de ce que je vous garde.

DORANTE.

Il ne fe tromperoient pas, Madame ; c'eft une bonté qui me pénétre de reconnoiffance,

ARAMINTE.

A la bonne heure, mais il n'eſt pas néceſſaire qu'ils le croyent. Je vous ſçai bon
gré de votre attachement, & de votre fidélité ; mais diſſimulez-en une partie, c'eſt
peut-être ce qui les indiſpoſe contre vous.
Vous leur avez refuſé de m'en faire accroire
ſur le chapitre du Procès, conformez-vous
à ce qu'ils exigent, regagnez-les par-là ; je
vous le permets. L'évenement leur perſua-
dera que vous les avez bien ſervis ; car, toute
réflexion faite, je ſuis déterminée à épouſer
le Comte.

DORANTE *d'un ton émû.*

Déterminée, Madame !

ARAMINTE.

Oui, tout-à-fait réſoluë. Le Comte croira
que vous y avez contribué ; je le lui dirai
même, & je vous garantis que vous reſterez
ici : je vous le promets. (*à part.*) Il change
de couleur.

DORANTE.

Quelle différence pour moi, Madame !

ARAMINTE *d'un air déliberé.*

Il n'y en aura aucune, ne vous embarraſſez pas, & écrivez le billet que je vais vous
dicter ; il y a tout ce qu'il faut ſur cette table.

DORANTE.

Eh ! pour qui, Madame ?

ARAMINTE.

Pour le Comte qui eſt ſorti d'ici extrêmement inquiet, & que je vais ſurprendre
bien agréablement, par le petit mot que
vous allez lui écrire en mon nom.

*(Dorante reſte rêveur, & par diſtraction
ne va point à la table.)*

ARAMINTE.

Hé bien ? Vous n'allez pas à la table : à
quoi rêvez-vous ?

DORANTE *toujours diſtrait.*

Oui, Madame.

ARAMINTE *à part, pendant qu'il ſe place.*

Il ne ſçait ce qu'il fait. Voyons ſi cela con-
tinuëra.

DORANTE *cherche du papier.*

Ah ! Dubois m'a trompé !

ARAMINTE *pourſuit.*

Etes-vous prêt à écrire ?

DORANTE.

Madame, je ne trouve point de papier.

ARAMINTE *allant elle-même.*

Vous n'en trouvez point ! En voilà de-
vant-vous.

DORANTE.

Il eſt vrai.

ARAMINTE.

Ecrivez. *Hâtez-vous de venir, Monſieur,
votre mariage eſt ſûr....* Avez-vous écrit ?

DORANTE.

Comment, Madame ?

ARAMINTE.

Vous ne m'écoutez donc pas ? *Votre ma-*
riage est sûr ; Madame veut que je vous l'é-
crive , & vous attend pour vous le dire.
(à part.) Il souffre, mais il ne dit mot. Est-
ce qu'il ne parlera pas ? *N'attribuez point*
cette résolution à la crainte que Madame
pourroit avoir des suites d'un Procès dou-
teux.

DORANTE.

Je vous ai assuré que vous le gagneriez,
Madame. Douteux ! Il ne l'est point.

ARAMINTE.

N'importe, achevez. *Non Monsieur, je*
suis chargé de sa part de vous assurer que la
seule justice qu'elle rend à votre mérite la dé-
termine.

DORANTE.

Ciel ! Je suis perdu. Mais, Madame, vous
n'aviez aucune inclination pour lui.

ARAMINTE.

Achevez, vous dis-je. *Qu'elle rend à vo-*
tre mérite la détermine.... Je crois que la
main vous tremble ! Vous paroissez changé.
Qu'est-ce que cela signifie ? Vous trouvez-
vous mal ?

DORANTE.

Je ne me trouve pas bien, Madame.

ARAMINTE.

Quoi! Si fubitement! Cela eft fingulier.
Pliez la lettre, & mettez: *A Monfieur le Comte Dorimont.* Vous direz à Dubois qu'il la lui
porte. (*à part.*) Le cœur me bat! (*à Dorante.*)
Voilà qui eft écrit tout de travers! cette adref-
fe-là, n'eft prefque pas lifible. (*à part.*) Il n'y a
pas encore là de quoi le convaincre.

DORANTE *à part.*

Ne feroit-ce point auffi pour m'éprouver?
Dubois ne m'a averti de rien.

SCENE XIV.

ARAMINTE, DORANTE,
MARTON.

MARTON.

JE fuis bien aife, Madame, de trouver
Monfieur ici; il vous confirmera tout de
fuite ce que j'ai à vous dire. Vous avez offert, en differentes occafions, de me marier,
Madame; & jufqu'ici je ne me fuis point
trouvée difpofée à profiter de vos bontés. Aujourd'hui Monfieur me recherche; il vient
même de refufer un parti infiniment plus riche, & le tout pour moi; du moins, me l'a-
t'il laiffé croire; & il eft à propos qu'il s'ex-

plique : mais, comme jé ne veux dépendre
que de vous ; c'eſt de vous auſſi, Madame,
qu'il faut qu'il m'obtienne ; ainſi, Monſieur,
vous n'avez qu'à parler à Madame : Si elle
m'accorde à vous, vous n'aurez point de peï
ne à m'obtenir de moi-même.

SCENE XV.

DORANTE, ARAMINTE.

ARAMINTE *à part, émuë.*

Cette folle ! (*Haut*) Je ſuis charmée de
ce qu'elle vient de m'apprendre. Vous
avez fait là un très-bon choix ; c'eſt une fille
aimable, & d'un excellent caractére.

DORANTE *d'un air abattu.*

Hélas ! Madame, je ne ſonge point à elle.

ARAMINTE.

Vous ne ſongez point à elle ! Elle dit que
vous l'aimez, que vous l'aviez vû avant que
de venir ici.

DORANTE *triſtement.*

C'eſt une erreur où Monſieur Remy l'a jettée ſans me conſulter ; & je n'ai point oſé dire
le contraire, dans la crainte de m'en faire une
ennemie auprès de vous. Il en eſt de même de
ce riche parti ; qu'elle croit que je refuſe à

caufe d'elle ; & je n'ai nulle part à tout cela,
Je fuis hors d'état de donner mon cœur à perfonne ; je l'ai perdu pour jamais ; & la plus
brillante de toutes les fortunes ne me tenteroit
pas.

ARAMINTE.

Vous avez tort : Il falloit défabufer Mar-
çon.

DORANTE.

Elle vous auroit , peut-être , empêché de
me recevoir ; & mon indifference lui en dit
affez.

ARAMINTE.

Mais , dans la fituation où vous étes , quel
intérêt aviez-vous d'entrer dans ma maifon ,
& de la préférer à une autre ?

DORANTE.

Je trouve plus de doceur à être chez vous,
Madame.

ARAMINTE.

Il y a quelque chofe d'incompréhenfible
en tout ceci ! Voyez - vous fouvent la perfonne que vous aimez ?

DORANTE *toujours abattu.*

Pas fouvent à mon gré , Madame ; & je la
verrois à tout inftant , que je ne croirois pas
la voir affez.

ARAMINTE *à part.*

Il a des expreffions d'une tendreffe ! (*haut*)
Eft-elle fille ? A-t'elle été mariée ?

DORANTE.

Madame, elle eſt Veuve.

ARAMINTE.

Et ne devez-vous pas l'épouſer ? Elle vous
aime , ſans doute ?

DORANTE.

Hélas ! Madame,elle ne ſait pas ſeulement que
je l'adore. Excuſez l'emportement du terme
dont je me ſers ; je ne ſaurois preſque parler
d'elle qu'avec tranſport !

ARAMINTE.

Je ne vous interroge que par étonnement.
Elle ignore que vous l'aimez , dites-vous ? Et
vous lui ſacrifiez votre fortune ? Voilà de l'in-
croïable. Comment , avec tant d'amour , a-
vez-vous pû vous taire ? On eſſaïe de ſe faire
aimer, ce me ſemble ; cela eſt naturel & par-
donnable.

DORANTE.

Me préſerve le Ciel d'oſer concevoir la
plus légère eſpérance ! Eſtre aimé, moi ! Non,
Madame ; ſon état eſt bien au-deſſus du mien;
mon reſpect me condamne au ſilence ; & je
mourrai du moins, ſans avoir eu le malheur
de lui déplaire.

ARAMINTE.

Je n'imagine point de femme qui mérite
d'inſpirer une paſſion ſi étonnante ; je n'en
imagine point. Elle eſt donc au-deſſus de
toute comparaiſon ?

DORANTE.

Difpenfez-moi de la loüer, Madame; jé m'égarerois en la peignant. On ne connoît rien de fi beau, ni de fi aimable qu'elle; & jamais elle ne me parle, ou ne me regarde, que mon amour n'en augmente.

ARAMINTE *baiffe les yeux, & continuë.*

Mais, votre conduite bleffe la raifon. Que prétendez-vous avec cet amour, pour une perfonne qui ne faura jamais que vous l'aimez? cela eft bien bifarre: Que prétendez-vous?

DORANTE.

Le plaifir de la voir quelquefois, & d'être avec elle, eft tout ce que je me propofe.

ARAMINTE.

Avec elle! Oubliez-vous que vous étes ici?

DORANTE.

Je veux dire, avec fon portait, quand je ne la vois point.

ARAMINTE.

Son portrait! Eft-ce que vous l'avez fait faire?

DORANTE.

Non, Madame; mais j'ai, par amufement, appris à peindre; & je l'ai peinte moimême: Je me ferois privé de fon portrait, fi je n'avois pû l'avoir que par le fecours d'un autre. ARAMINTE

ARAMINTE *à part.*

Il faut le pouffer à bout. *(haut)* Mon-
trez-moi ce portrait.

DORANTE.

Daignez m'en difpenfer, Madame ; quoique mon amour foit fans efpérance , je n'en
dois pas moins un fecret inviolable à l'objet
aimé.

ARAMINTE.

Il m'en eft tombé, un par hafard , entre les
mains ; on l'a trouvé ici : *(montrant la boëte.)*
Voïez fi ce ne feroit point celui dont il s'agit.

DORANTE.

Cela ne fe peut pas.

ARAMINTE *ouvrant la boëte,*

Il eft vrai que la chofe feroit affez extraordinaire : Examinez.

DORANTE.

Ah ! Madame , fongez que j'aurois perdu
mille fois la vie , avant que d'avoüer ce que
le hazard vous découvre. Comment pourrai-
je expier ?... *(Il fe jette à fes genoux.)*

ARAMINTE.

Dorante , je ne me fâcherai point : Votre
égarément me fait pitié ; revenez-en , je vous
le pardonne.

MARTON *paroît & s'enfuit.*

Ah !

(Dorante fe léve vîte.)

H

ARAMINTE.

Ah, Ciel! C'eſt Marton ! Elle vous a vû.

DORANTE *feignant d'être déconcerté.*

Non, Madame, non ; je ne croi pas ; elle n'eſt point entrée.

ARAMINTE.

Elle vous a vû, vous dis-je ; laiſſez-moi : 'Allez-vous-en ; vous m'étes inſuportable. Rendez-moi ma lettre. (*Quand il eſt parti.*) Voilà pourtant ce que c'eſt, que de l'avoir gardé !

SCENE XVI.

ARAMINTE, DUBOIS.

DUBOIS.

DOrante s'eſt-il déclaré, Madame ? Et eſt-il néceſſaire que je lui parle ?

ARAMINTE.

Non, il ne m'a rien dit. Je n'ai rien vû d'approchant à ce que tu m'as conté ; & qu'il n'en ſoit plus queſtion ; ne t'en mêle plus. (*Elle ſort.*)

DUBOIS.

Voici l'affaire dans ſa criſe !

SCENE XVII.

DUBOIS, DORANTE.

DORANTE.

Ah! Dubois.

DUBOIS.

Retirez-vous.

DORANTE.

Je ne sçai qu'augurer de la conversation
que je viens d'avoir avec elle.

DUBOIS.

A quoi songez-vous ? Elle n'est qu'à deux
pas : Voulez-vous tout perdre ?

DORANTE

Il faut que tu m'éclaircisses....

DUBOIS.

Allez dans le jardin.

DORANTE.

D'un doute....

DUBOIS.

Dans le jardin, vous dis-je ; je vais m'y
rendre.

DORANTE.

Mais.

DUBOIS.

Je ne vous écoute plus.

DORANTE.

Je crains plus que jamais.

Fin du second Acte.

ACTE III.

SCENE PREMIERE.

DORANTE, DUBOIS.

DUBOIS.

NON, vous dis-je ; ne perdons point de tems : là lettre est-elle prête ?

DORANTE *la lui montrant.*

Oui, la voilà, & j'ai mis dessus ruë du Figuier.

DUBOIS.

Vous êtes bien assûré qu'Arlequin ne sçait pas ce quartier-là ?

DORANTE.

Il m'a dit que non.

DUBOIS.

Lui avez-vous bien recommandé de s'adresser à Marton ou à moi pour sçavoir ce que c'est ?

DORANTE.

Sans doute, & je lui recommanderai encore.

DUBOIS.

Allez donc la lui donner, je me charge

du reste auprès de Marton que je vais trouver,

DORANTE.

Je t'avoüe que j'héfite un peu ; n'allons-
nous pas trop vîte avec Araminte ? Dans
l'agitation des mouvemens où elle eft, veux-
tu encore lui donner l'embarras de voir fubitement éclater l'avanture ?

DUBOIS.

Oh ! Oui : point de quartier, il faut l'achever pendant qu'elle eft étourdie. Elle ne fçait
plus ce qu'elle fait. Ne voyez-vous pas bien
qu'elle triche avec moi, qu'elle me fait accroire
que vous ne lui avez rien dit ? Ah ! je lui ap-
prendrai à vouloir me foufler mon emploi
de Confident, pour vous aimer en fraude.

DORANTE.

Que j'ai fouffert dans ce dernier entre-
tien ! Puifque tu fçavois qu'elle vouloit me
faire déclarer, que ne m'en avertiffois-tu par
quelques fignes ?

DUBOIS.

Cela auroit été joli, ma foi : elle ne s'en
feroit point apperçûë, n'eft-ce pas ! & d'ailleurs, votre douleur n'en a paru que plus
vraye. Vous repentez-vous de l'effet qu'elle
a produit ? Monfieur a fouffert ! Parbleu il
me femble que cette avanture ci mérite un
peu d'inquiétude.

DORANTE.

Sçais-tu bien ce qui arrivera ? Qu'elle pren-dra son parti, & qu'elle me renvoyera tout d'un coup.

DUBOIS.

Je lui en défie, il est trop tard ; l'heure du courage est passée, il faut qu'elle nous épouse.

DORANTE.

Prends-y garde ; tu vois que sa mere la fatigue.

DUBOIS.

Je serois bien fâché qu'elle la laissât en repos.

DORANTE.

Elle est confuse de ce que Marton m'a surprise à ses genoux.

DUBOIS.

Ah ! vraiment des confusions ! Elle n'y est pas, elle va en essuyer bien d'autres ! C'est moi, qui voyant le train que prenoit la con-versation, ai fait venir Marton une seconde fois.

DORANTE.

Araminte pourtant m'a dit que je lui étois insuportable.

DUBOIS.

Elle a raison. Voulez-vous qu'elle soit de bonne humeur avec un homme qu'il faut qu'elle aime, en dépit d'elle ? Cela est-il

agréable ? Vous vous emparez de son bien ;
de son cœur, & cette femme ne criera pàs ?
Allez vîte, plus de raisonnement, laissez-
vous conduire.

DORANTE.

Songe que je l'aime, & que si notre pré-
cipitation réüssit mal, tu me désesperes.

DUBOIS,

Ah ! oui, je sçai bien que vous l'aimez ;
c'est à cause de cela que je ne vous écoute
pas. Etes-vous en état de juger de rien ? Allons, allons, vous vous moçquez. Laissez
faire un homme de sang froid. Partez, d'autant plus que voici Marton qui vient à propos ; & que je vais tâcher d'amuser, en attendant que vous envoyiez Arlequin.

SCENE II.

DUBOIS, MARTON.

MARTON *d'un air triste.*

J'E te cherchois.

DUBOIS.

Qu'y a-t-il pour votre service, Mademoiselle ?

MARTON.

Tu me l'avois bien dit, Dubois.

DUBOIS,

DUBOIS.

Quoi donc ! je ne me souviens plus de ce que c'est.

MARTON.

Que cet Intendant osoit lever les yeux sur Madame.

DUBOIS.

Ah ! oui : vous parlez de ce regard que je lui vis jetter sur elle : Oh ! jamais je ne l'ai oublié : cette œillade-là ne valoit rien ; il y avoit quelque chose dedans, qui n'étoit pas dans l'ordre.

MARTON.

Oh çà , Dubois, il s'agit de faire sortir cet homme-ci.

DUBOIS.

Pardi , tant qu'on voudra ; je ne m'y épargne pas. J'ai déjà dit à Madame qu'on m'avoit assûré qu'il n'entendoit pas les affaires.

MARTON.

Mais est-ce là tout ce que tu sçais de lui ? C'est de la part de Madame Argante & de Monsieur le Comte que je te parle ; & nous avons peur que tu n'ayes pas tout dit à Madame, ou qu'elle ne cache ce que c'est. Ne nous déguise rien, tu n'en seras pas fâché.

DUBOIS.

Ma foi, je ne sçai que son insuffisance, dont j'ai instruit Madame.

I

MARTON.

Ne diſſimules point.

DUBOIS.

Moi ! un diſſimulé ! Moi ! garder un ſecret ! Vous avez bien trouvé vôtre homme,
En fait de diſcrétion je mériterois d'être femme. Je vous demande pardon de la comparaiſon ; mais c'eſt pour vous mettre l'eſprit
en repos.

MARTON.

Il eſt certain qu'il aime Madame.

DUBOIS.

Il n'en faut point douter ; je lui en ai même dit ma penſée à elle.

MARTON.

Et qu'a-t-elle répondu ?

DUBOIS.

Que j'étois un ſot ; elle eſt ſi prévenuë.

MARTON.

Prévenuë à un point que je n'oſerois le
dire, Dubois.

DUBOIS.

Oh ! le diable n'y perd rien, ni moi non
plus ; car je vous entends.

MARTON.

Tu as la mine d'en ſçavoir plus que moi
là-deſſus.

DUBOIS.

Oh ! point du tout ; je vous jure. Mais à
propos, il vient tout à l'heure d'appeller

Arlequin pour lui donner une lettre ; si nous pouvions la saisir, peut-être en sçaurions-nous davantage.

MARTON.

Une lettre, oui-dà ; ne négligeons rien. Je vais, de ce pas, parler à Arlequin, s'il n'est pas encore parti.

DUBOIS.

Vous n'irez pas loin ; je crois qu'il vient.

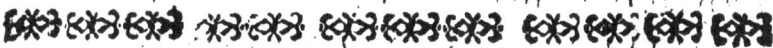

SCENE III.

DUBOIS, MARTON, ARLEQUIN.

ARLEQUIN, *voyant Dubois.*

AH te voilà donc, mal-bâti.

DUBOIS.

Tenez, n'est-ce pas là une belle figure pour se moquer de la mienne ?

MARTON.

Que veux-tu, Arlequin ?

ARLEQUIN.

Ne sçauriez-vous pas où demeure la ruë du Figuier, Mademoiselle ?

MARTON.

Oui,

ARLEQUIN.

C'eſt que mon camarade, que je ſers, m'a dit de porter cette lettre à quelqu'un qui eſt dans cette ruë, & comme je ne la ſçai pas, il m'a dit que je m'en informaſſe à vous, ou à cet animal-là ; mais cet animal-là ne mérite pas que je lui en parle, ſinon pour l'injurier. J'aimerois mieux que le Diable eût emporté toutes les ruës, que d'en ſçavoir une par le moyen d'un mal-autru comme lui.

DUBOIS *à Marton à part.*

Prenez la lettre. (*haut*) Non, non, Mademoiſelle, ne lui enſeignez rien ; qu'il galope.

ARLEQUIN.

Veux-tu te taire ?

MARTON *négligemment.*

Ne l'interrompez donc point, Dubois. Hé bien, veux-tu me donner ta lettre ? Je vais envoyer dans ce quartier-là, & on la rendra à ſon adreſſe.

ARLEQUIN.

Ah ! voilà qui eſt bien agréable ! Vous êtes une fille de bonne amitié, Mademoiſelle.

DUBOIS *s'en allant.*

Vous êtes bien bonne d'épargner de la peine à ce fénéant-là.

ARLEQUIN.

Ce malhonnête ! Va, va trouver le tableau

pour voir comme il se moque de toi.

MARTON *seule avec Arlequin.*

Ne lui réponds rien : donne ta lettre.

ARLEQUIN.

Tenez, Mademoiselle ; vous me rendrez un service qui me fait grand bien. Quand il y aura à troter pour votre serviable personne, n'ayez point d'autre postillon que moi.

MARTON.

Elle sera renduë exactement.

ARLEQUIN.

Oui, je vous recommande l'exactitude à cause de Monsieur Dorante qui mérite toutes sortes de fidélités.

MARTON *à part.*

L'indigne !

ARLEQUIN *s'en allant.*

Je suis votre serviteur éternel.

MARTON.

Adieu.

ARLEQUIN *revenant.*

Si vous le rencontrez, ne lui dites point qu'un autre galope à ma place.

✥✥✥✥✥✥✥✥✥✥✥✥✥✥

SCENE IV.

Madame ARGANTE, LE COMTE, MARTON.

MARTON *un moment seule.*

NE disons mot, que je n'aye vû ce que ceci contient.

Madame ARGANTE.

Eh bien, Marton, qu'avez-vous appris de Dubois?

MARTON.

Rien, que ce que vous sçaviez déja, Madame ; & ce n'est pas assez.

Madame ARGANTE.

Dubois est un coquin qui nous trompe.

LE COMTE.

Il est vrai que sa menace paroissoit signifier quelque chose de plus.

Madame ARGANTE.

Quoiqu'il en soit, j'attends Monsieur Remy, que j'ai envoyé chercher ; & s'il ne nous défait pas de cet homme-là, ma fille sçaura qu'il ose l'aimer ; je l'ai résolu ; nous en avons les présomptions les plus fortes ; & ne fut-ce que par bienséance, il faudra bien qu'elle le chasse : D'un autre côté, j'ai fait venir

l'Intendant que Monſieur le Comte lui pro-
poſoit ; il eſt ici, & je le lui préſenterai ſur
le champ.

MARTON.

Je doute que vous réuſſiſſiez, ſi nous n'a-
prenons rien de nouveau : Mais, je tiens,
peut-être, ſon congé, moi qui vous parle....
Voici Monſieur Remy ; je n'ai pas le temps
de vous en dire davantage ; & je vais m'éclair-
cir.

(*Elle veut ſortir.*)

SCENE V.

Monſieur REMY, Madame
ARGANTE, LE COMTE,
MARTON.

Monſieur REMY *à Marton qui ſe retire.*

Bonjour, ma niéce, puiſqu'enfin il faut
que vous la ſoïez : Savez-vous ce qu'on
me veut ici ?

MARTON *bruſquement.*

Paſſez, Monſieur, & cherchez votre niéce ailleurs ; je n'aime point les mauvais plai-
ſans.   (*Elle ſort.*)

Monſieur REMY.

Voilà une petite fille bien incivile. (à Ma-

dame Argante,) On m'a dit de votre part
de venir ici, Madame ; de quoi est-il donc
question ?

Madame ARGANTE *d'un ton revêche.*

Ah ! C'est donc vous, Monsieur le Procureur ?

Monsieur REMY.

Oui, Madame, je vous garenti que c'est
moi-même.

Madame ARGANTE.

Et de quoi vous êtes-vous avisé, je vous
prie, de nous embarrasser d'un Intendant
de votre façon ?

Monsieur REMY.

Et, par quel hasard, Madame y trouve-
t'elle à redire ?

Madame ARGANTE.

C'est que nous nous serions bien passés
du présent que vous nous avez fait.

Monsieur REMY.

Ma foi, Madame, s'il n'est pas à votre
goût, vous êtes bien difficile.

Madame ARGANTE,

C'est votre neveu, dit-on ?

Monsieur REMY.

Oui, Madame.

Madame ARGANTE,

Hé bien, tout votre neveu qu'il est, vous
nous ferez un grand plaisir de le retirer.

Monſieur REMY.

Ce n'eſt pas à vous que je l'ai donné.

Madame ARGANTE.

Non ; mais c'eſt à nous qu'il déplaît , à moi & à Monſieur le Comte que voilà , & qui doit épouſer ma fille.

Monſieur REMY *élevant la voix.*

Celui-ci eſt nouveau ! Mais, Madame , dès qu'il n'eſt pas à vous, il me ſemble qu'il n'eſt pas eſſentiel qu'il vous plaiſe. On n'a pas mis dans le marché qu'il vous plairoit , perſonne n'a ſongé à cela ; & pouvû qu'il convienne à Madame Araminte , tout doit être content ; tant pis pour qui ne l'eſt pas : Qu'eſt-ce que cela ſignifie ?

Madame ARGANTE.

Mais, vous avez le ton bien rogue , Monſieur Remy.

Monſieur REMY.

Ma foi, vos complimens ne ſont point propres à l'adoucir , Madame Argante.

LE COMTE.

Doucement, Monſieur le Procureur, doucement ; il me paroît que vous avez tort.

Monſieur REMY.

Comme vous voudrez, Monſieur le Comte, comme vous voudrez ; mais cela ne vous regarde pas : vous ſavez bien que je n'ai pas l'honneur de vous connoître ; & nous n'avons que faire enſemble , pas la moindre choſe.

LE COMTE.

Que vous me connoissiez, ou non, il n'est pas si peu essentiel que vous le dites, que votre neveu plaise à Madame ; elle n'est pas une étrangére dans la maison.

Monsieur REMY.

Parfaitement étrangére pour cette affaire-ci, Monsieur ; on ne peut pas plus étrangé-re : au surplus, Dorante est un homme d'honneur, connu pour tel ; dont j'ai répondu, dont je répondrai toujours, & dont Madame parle ici d'une maniére choquante.

Madame ARGANTE.

Votre Dorante est un impertinent.

Monsieur REMY.

Bagatelle ! Ce mot-là ne signifie rien dans votre bouche.

Madame ARGANTE.

Dans ma bouche ! A qui parle donc ce petit Praticien, Monsieur le Comte ? Est-ce que vous ne lui imposerez pas silence ?

Monsieur REMY.

Comment donc ! m'imposer silence ! à moi, Procureur ! Savez-vous bien qu'il y a cinquante ans que je parle, Madame Argante ?

Madame ARGANTE.

Il y a donc cinquante ans que vous ne savez ce que vous dites.

SCENE VI.

ARAMINTE, Me ARGANTE, Monsieur REMY, LE COMTE.

ARAMINTE.

QU'y a-t'il donc ? On diroit que vous vous querellez.

Monsieur REMY.

Nous ne sommes pas fort en paix , & vous venez très-à-propos , Madame : il s'a-git de Dorante ; avez-vous sujet de vous plaindre de lui ?

ARAMINTE.

Non, que je sçache.

Monsieur REMY.

Vous êtes-vous apperçûë qu'il ait manqué de probité ?

ARAMINTE.

Lui ? Non vraiment ; je ne le connois que pour un homme très-estimable.

Monsieur REMY.

Au discours que Madame en tient, ce doit pourtant être un fripon , dont il faut que je vous délivre, & on se passeroit bien du present que je vous en ai fait, & c'est un impertinent qui déplaît à Madame, qui déplaît à Monſieur qui parle en qualité d'époux futur; & à cauſe que je le défens, on veut me perſuader que je radote.

ARAMINTE *froidement.*

On ſe jette-là dans de grands excès, je n'y ai point de part, Monſieur; je ſuis bien éloignée de vous traiter ſi mal : à l'égard de Dorante, la meilleure juſtification qu'il y ait pour lui, c'eſt que je le garde. Mais je venois pour ſçavoir une choſe, Monſieur le Comte; il y a là-bas, m'a-t'on dit, un homme d'affaire que vous avez amené pour moi, on ſe trompe apparemment.

LE COMTE.

Madame, il eſt vrai qu'il eſt venu avec moi; mais c'eſt Madame Argante....

Madame ARGANTE.

Attendez, je vais répondre : oui, ma fille, c'eſt moi qui ai prié Monſieur de le faire venir pour remplacer celui que vous avez, & que vous allez mettre dehors; je ſuis ſûre de mon fait. J'ai laiſſé dire votre Procureur, au reſte; mais il amplifie.

Monſieur REMY.

Courage.

Madame ARGANTE *vivement.*

Paix ; vous avez aſſez parlé. (à *Araminte.*) Je n'ai point dit que ſon neveu fût un fripon; il ne ſeroit pas impoſſible qu'il le fût ; je n'en ſerois pas étonnée,

COMEDIE.

Monſieur REMY.

Mauvaiſe parentheſe, avec votre permiſ-
ſion, ſuppoſition injurieuſe, & tout-à-fait
hors d'œuvre.

Madame ARGANTE.

Honnête homme ſoit, du moins n'a-t'on
pas encore de preuves du contraire, & je
veux croire qu'il l'eſt. Pour un impertinent
& très-impertinent, j'ai dit qu'il en étoit un,
& j'ai raiſon : vous dites que vous le garde-
rez ; vous n'en ferez rien.

ARAMINTE. *froidement.*

Il reſtera, je vous aſſure.

Madame ARGANTE.

Point du tout, vous ne ſçauriez ; ſeriez-
vous d'humeur à garder un Intendant qui
vous aime ?

Monſieur REMY.

Eh ! A qui voulez-vous donc qu'il s'attach
che ? A vous, à qui il n'a pas affaire ?

ARAMINTE.

Mais, en effet, pourquoi faut-il que mon
Intendant me haïſſe ?

Madame ARGANTE.

Eh ! Non, point d'équivoque : quand je
vous dis qu'il vous aime, j'entens qu'il eſt
amoureux de vous ; eh bon françois, qu'il
eſt, ce qu'on appelle amoureux ; qu'il ſou-
pire pour vous, que vous êtes l'objet ſecret
de ſa tendreſſe.

Monſieur REMY *étonné*.

Dorante ?

ARAMINTE *riant*.

L'objet ſecret de ſa tendreſſe! Oh, oüi, très-ſecret, je penſe; ah! ah! Je ne me croyois pas ſi dangereuſe à voir. Mais dès que vous devinez de pareils ſecrets, que ne devinez-vous que tous mes gens ſont comme lui; peut-être qu'ils m'aiment auſſi : que ſçait-on ? Monſieur Remy, vous qui me voyez aſſez ſouvent, j'ai envie de deviner que vous m'aimez auſſi.

Monſieur REMY.

Ma foi, Madame, à l'âge de mon neveu je ne m'en tirois pas mieux qu'on dit qu'il s'en tire.

Madame ARGANTE.

Ceci n'eſt pas matiere à plaiſanterie, ma fille; il n'eſt pas queſtion de votre Monſieur Remy; laiſſons-là ce bon-homme, & traitons la choſe un peu plus ſérieuſement. Vos gens ne vous font point peindre, vos gens ne ſe mettent point à contempler vos Portraits, vos gens n'ont point l'air galant, la mine douceruſe.

Monſieur REMY *à Araminte*.

J'ai laiſſé paſſer le bonhomme, à cauſe de vous, au moins; mais le bonhomme eſt quelquefois brutal.

ARAMINTE.

En vérité, ma mere, vous seriez la pre-
miere à vous moquer de moi, si ce que vous
dites me faisoit la moindre impression, ce
seroit une enfance à moi que de le renvoyer
sur un pareil soupçon. Est-ce qu'on ne peut
me voir sans m'aimer? Je n'y sçaurois
que faire, il faut bien m'y accoûtumer, &
prendre mon parti là-dessus. Vous lui trouvez l'air galant, dites-vous, je n'y avois pas
pris garde, & je ne lui en ferai point un re-
proche; il y auroit de la bisarerie à se fâcher
de ce qu'il est bien fait. Je suis d'ailleurs comme tout le monde, j'aime assez les gens de
bonne mine.

SCENE VII.

ARAMINTE, Me ARGANTE, Mr REMY, LE COMTE, DORANTE.

DORANTE.

JE vous demande pardon, Madame, si je
vous interromps; j'ai lieu de présumer
que mes services ne vous sont plus agréa-
bles; & dans la conjoncture présente, il est
naturel que je sçache mon sort.

Madame A R G A N T E *ironiquement.*

Son sort ! Le sort d'un Intendant : que cela
est beau !

Monsieur R E M Y.

Et, pourquoi n'auroit-il pas un sort ?

A R A M I N T E *d'un air vif à sa mere.*

Voilà des emportemens qui m'appartien-
nent. (*à Dorante.*) Quelle est cette conjec-
ture, Monsieur, & le motif de votre inquiétude ?

D O R A N T E.

Vous le sçavez, Madame, il y a quelqu'un
ici que vous avez envoyé chercher pour oc-
cuper ma place,

A R A M I N T E.

Ce quelqu'un-là est fort mal conseillé.
Désabusez-vous ; ce n'est point moi qui l'ai
fait venir.

D O R A N T E.

Tout a contribué à me tromper, d'autant
plus que Mademoiselle Marton vient de
m'assurer que dans une heure je ne serois
plus ici.

A R A M I N T E.

Marton vous a tenu un fort sot discours.

Madame A R G A N T E.

Le terme est encore trop long ; il devroit
en sortir tout-à-l'heure.

Monsieur R E M Y, *comme à part.*

Voyons par où cela finira.

A R A M I N T E.

ARAMINTE.

'Allez, Dorante, tenez-vous en repos ;
fussiez-vous l'homme du monde qui me
convînt le moins, vous resteriez : Dans cette
occasion-ci, c'est à moi-même que je dois
cela ; je me sens offensée du procedé qu'on a
avec moi, & je vais faire dire à cet homme
d'affaire qu'il se retire : que ceux qui l'ont
amené, sans me consulter, le renmenent,
& qu'il n'en soit plus parlé.

SCENE VIII.

ARAMINTE, Me ARGANTE, Mr REMY, LE COMTE, DORANTE, MARTON.

MARTON *froidement.*

NE vous pressez pas de le renvoyer,
Madame, voilà une Lettre de récom-
mandation pour lui, & c'est Monsieur Dorante qui l'a écrite.

ARAMINTE.

Comment ?

MARTON *donnant la Lettre au Comte.*

Un instant : Madame ; cela mérite d'être
écouté; la Lettre est de Monsieur, vous dis-je.

K

LE COMTE *lit haut.*

Je vous conjure, mon cher ami, d'être de-
main sur les neuf heures du matin chez vous ;
j'ai bien des choses à vous dire. Je crois que je
vais sortir de chez la Dame que vous sçavez.
Elle ne peut plus ignorer la malheureuse paf-
fion que j'ai prise pour elle, & dont je ne gué-
rirai jamais.

Madame ARGANTE.

De la paffion ! Entendez-vous, ma fille ?

LE COMTE *lit.*

Un misérable ouvrier, que je n'attendois
pas, eft venu ici pour m'apporter la Boëte de
ce Portrait que j'ai fait d'elle.

Madame ARGANTE.

C'eft-à-dire, que le perfonnage fçait peindre.

LE COMTE *lit.*

J'étois abfent, il l'a laiffée à une fille de la
Maifon.

Madame ARGANTE *à Marton.*

Fille de la maifon ? cela vous regardç.

LE COMTE *lit.*

On a foupçonné que ce Portrait m'appar-
tient ; ainfi je penfe qu'on va tout découvrir,
& qu'avec le chagrin d'être renvoyé, & de
perdre le plaifir de voir tous les jours celle que
j'adore . . . . .

Madame ARGANTE.

Que j'adore! Ah! Que j'adore!

LE COMTE *lit.*

J'aurai encore celui d'étre méprisé d'elle.

Madame ARGANTE.

Je croi qu'il n'a pas mal deviné celui-là, ma fille.

LE COMTE *lit.*

Non pas à cause de la médiocrité de ma for-tune, sorte de mépris dont je n'oserois la croire capable.....

Madame ARGANTE.

Eh! Pourquoi non?

LE COMTE *lit.*

Mais seulement à cause du peu que je vaux auprès d'elle, tout honoré que je suis de l'estime de tant d'honnêtes gens.

Madame ARGANTE.

Et en vertu dequoi l'estiment-ils tant?

LE COMTE *lit.*

Auquel cas, je n'ai plus que faire à Paris. Vous étes à la veille de vous embarquer, & je suis déterminé à vous suivre.

Madame ARGANTE.

Bon voyage au galant.

Monsieur REMY.

Le beau motif d'embarquement!

Madame ARGANTE.

Hé bien, en avez-vous le cœur net, ma fille?

LE COMTE.

L'éclairciffement m'en paroît complet.

ARAMINTE *à Dorante.*

Quoi ! Cette Lettre n'eft pas d'une écriture contrefaite ? Vous ne la niez point ?

DORANTE.

Madame....

ARAMINTE.

Retirez-vous.

Monfieur REMY.

Eh ! bien , quoi ? C'eft de l'amour qu'il a ; ce n'eft pas d'aujourd'hui que les belles perfonnes en donnent ; & tel que vous le voyez , il n'en a pas pris pour toutes celles qui auroient bien voulu lui en donner. Cet amour-là lui coûte Quinze mille livres de rente , fans compter les Mers qu'il veut courir ; voilà le mal ; car , au refte , s'il étoit riche , le Perfonnage en vaudroit bien un autre ; il pourroit bien dire qu'il adore . (*contrefaifant Madame Argante.*) Et cela ne feroit point fi ridicule. Accommodez-vous ; au refte, je fuis votre Serviteur , Madame. (*il fort.*)

MARTON.

Fera-t-on monter l'Intendant que Monfieur le Comte à amené , Madame ?

ARAMINTE.

N'entendrai-je parler que d'Intendant ! Allez-vous-en , vous prenez mal votre tems pour me faire des queftions.

(*Marton fort*)

Madame ARGANTE.

Mais, ma fille, elle a raison, c'est Monsieur le Comte qui vous en répond, il n'y a qu'à le prendre.

ARAMINTE.

Et moi je n'en veux point.

LE COMTE.

Est-ce à cause qu'il vient de ma part, Madame ?

ARAMINTE.

Vous êtes le maître d'interpréter, Monsieur ; mais je n'en veux point.

LE COMTE.

Vous vous expliquez là-dessus d'un air de vivacité qui m'étonne.

Madame ARGANTE.

Mais, en effet, je ne vous reconnois pas ! Qu'est-ce qui vous fâche ?

ARAMINTE.

Tout. On s'y est mal pris : il y a dans tout ceci des façons si désagréables, des moyens si offensans, que tout m'en choque.

Madame ARGANTE *étonnée*.

On ne vous entend point !

LE COMTE.

Quoique je n'aye aucune part à ce qui vient de se passer, je ne m'apperçois que trop, Madame, que je ne suis pas exempt de votre mauvaise humeur, & je serois fâché d'y contribuer davantage par ma présence.

Madame ARGANTE.

Non, Monſieur, je vous ſuis. Ma fille, je retiens Monſieur le Comte ; vous allez venir nous trouver apparemment. Vous n'y ſongez pas, Araminte ; on ne ſçait que penſer.

※※※※※※※※※※※※※※※

SCENE IX.

AMARINTE, DUBOIS.

DUBOIS.

ENfin, Madame, à ce que je vois, vous en voilà délivrée. Qu'il devienne tout ce qu'il voudra à préſent, tout le monde a été témoin de ſa folie, & vous n'avez plus rien à craindre de ſa douleur ; il ne dit mot. Au reſte, je viens ſeulement de le rencontrer plus mort que vif, qui traverſoit la galerie pour aller chez lui. Vous auriez trop ri de le voir ſoupirer. Il m'a pourtant fait pitié. Je l'ai vû ſi défait, ſi pâle & ſi triſte, que j'ai eu peur qu'il ne ſe trouve mal.

ARAMINTE *qui ne l'a pas regardé juſ-que-là, & qui a toujours rêvé, dit d'un ton haut.*

Mais, qu'on aille donc voir : quelqu'un l'a-t-il ſuivi ? Que ne le ſecouriez-vous ? Faut-il le tuer, cet homme ?

DUBOIS.

J'y ai pourvû, Madame. J'ai appellé Arlequin qui ne le quittera pas, & je crois d'ailleurs qu'il n'arrivera rien : voilà qui est fini. Je ne suis venu que pour vous dire une chose ; c'est que je pense qu'il demandera à vous parler, & je ne conseille pas à Madame de le voir davantage ; ce n'est pas la peine.

ARAMINTE *sèchement.*

Ne vous embarassez pas, ce sont mes affaires.

DUBOIS.

En un mot, vous en êtes quitte, & cela par le moyen de cette lettre qu'on vous a lûë, & que Mademoiselle Marton a tirée d'Arlequin par mon avis ; je me suis douté qu'elle pourroit vous être utile ; & c'est une excellente idée que j'ai euë-là, n'est-ce pas, Madame ?

ARAMINTE *froidement.*

Quoi ! c'est à vous que j'ai l'obligation de la scéne qui vient de se passer ?

DUBOIS *librement.*

Oui, Madame.

ARAMINTE.

Méchant valet ! Ne vous présentez plus devant moi.

DUBOIS *comme étonné.*

Hélas ! Madame, j'ai crû bien faire.

ARAMINTE.

Allez, malheureux ! Il falloit m'obéïr ; je vous avois dit de ne plus vous en mêler : vous m'avez jettée dans tous les défagré-mens que je voulois éviter. C'eſt vous qui avez répandu tous les foupçons qu'on a eu fur fon compte, & ce n'eſt pas par attache-ment pour moi que vous m'avez appris qu'il m'aimoit, ce n'eſt que par le plaifir de faire du mal : il m'importoit peu d'en être inſtruite ; c'eſt un amour que je n'aurois jamais ſçû, & je le trouve bien malheureux d'avoir eu affaire à vous : lui qui a été vôtre maître , qui vous affectionnoit, qui vous a bien traité , qui vient , tout recemment en-core, de vous prier à genoux de lui garder le fecret. Vous l'affaffinez , vous me trahiffez moi-même. Il faut que vous foyez capable de tout. Que je ne vous voye jamais , & point de replique.

D U B O I S *s'en va en riant.*
Allons, voilà qui eſt parfait.

SCENE X.

ARAMINTE, MARTON.

MARTON *triste.*

LA manière dont vous m'avez renvoyée, il n'y a qu'un moment, me montre que je vous suis désagréable, Madame, & je crois vous faire plaisir en vous demandant mon congé.

ARAMINTE *froidement.*

Je vous le donne.

MARTON.

Votre intention est-elle que je sorte dès aujourd'hui, Madame ?

ARAMINTE.

Comme vous voudrez.

MARTON.

Cette avanture - ci est bien triste pour moi !

ARAMINTE.

Oh ! point d'explication, s'il vous plaît.

MARTON.

Je suis au désespoir !

ARAMINTE *avec impatience.*

Est-ce que vous êtes fâchée de vous en aller ? Eh bien, restez, Mademoiselle, restez; j'y consens; mais finissons. L

MARTON.

Après les bienfaits dont vous m'avez comblée, que ferois-je auprès de vous à présent que je vous suis suspecte, & que j'ai perdu toute votre confiance?

ARAMINTE.

Mais que voulez-vous que je vous confie? Inventerai-je des secrets pour vous les dire?

MARTON.

Il est pourtant vrai que vous me renvoyez, Madame, d'où vient ma disgrace?

ARAMINTE.

Elle est dans votre imagination; vous me demandez votre congé, je vous le donne.

MARTON.

Ah! Madame, pourquoi m'avez-vous exposée au malheur de vous déplaire? J'ai persécuté, par ignorance, l'homme du monde le plus aimable, qui vous aime plus qu'on n'a jamais aimé.

ARAMINTE à part.

Hélas!

MARTON.

Et à qui je n'ai rien à reprocher; car il vient de me parler; j'étois son ennemie, & je ne la suis plus. Il m'a tout dit. Il ne m'avoit jamais vûe; c'est Monsieur Remy qui m'a trompée; & j'excuse Dorante.

ARAMINTE.

A la bonne heure.

MARTON

Pourquoi avez-vous eu la cruauté de m'abandonner au hazard d'aimer un homme qui n'eſt pas fait pour moi, qui eſt digne de vous, & que j'ai jetté dans une douleur dont je ſuis pénétrée ?

ARAMINTE *d'un ton doux.*

Tu l'aimois donc, Marton ?

MARTON.

Laiſſons-là mes ſentimens. Rendez-moi votre amitié comme je l'avois, & je ſerai contente.

ARAMINTE.

Ah ! je te la rends toute entiere.

MARTON *lui baiſant la main.*

Me voilà conſolée.

ARAMINTE.

Non, Marton, tu ne l'es pas encore : tu pleures, & tu m'attendris.

MARTON.

N'y prenez point garde ; rien ne m'eſt ſi cher que vous !

ARAMINTE.

Va, je prétends bien te faire oublier tous tes chagrins. Je penſe que voici Arlequin.

❦❦❦❦❦❦❦X❦❦❦❦❦

SCENE XII.

ARAMINTE, MARTON, ARLEQUIN.

ARAMINTE.

Que veux-tu ?

ARLEQUIN *pleurant & sanglotant.*

J'aurois bien de la peine à vous le dire ; car je suis dans une détresse qui me coupe entiérement la parole, à cause de la trahison que Mademoiselle Marton m'a faite : Ah ! quelle ingrate perfidie !

MARTON.

Laisse-là ta perfidie, & nous dis ce que tu veux.

ARLEQUIN.

Ahi ! cette pauvre lettre : quelle escroquerie !

ARAMINTE.

Dis donc ?

ARLEQUIN.

Monsieur Dorante vous demande, à genoux, qu'il vienne ici vous rendre compte des paperasses qu'il a eu dans les mains depuis qu'il est ici ; il m'attend à la porte où il pleure.

MARTON.

Dis lui qu'il vienne.

ARLEQUIN.

Le voulez-vous, Madame ? Car je ne me
fie pas à elle. Quand on m'a une fois affronté,
je n'en reviens point.

MARTON *d'un air triste & attendri.*

Parlez-lui, Madame, je vous laiſſe.

ARLEQUIN *quand Marton eſt partie.*

Vous ne me répondez point, Madame.

ARAMINTE.

Il peut venir.

SCENE XII.

DORANTE, ARAMINTE.

ARAMINTE.

APprochez, Dorante.

DORANTE.

Je n'oſe preſque paroître devant vous.

ARAMINTE *à part.*

Ah ! Je n'ai guéres plus d'aſſurance que
lui (*haut.*) Pourquoi vouloir me rendre
compte de mes papiers ? Je m'en fie bien à
vous ; ce n'eſt pas là-deſſus que j'aurai à me
plaindre.

DORANTE.

Madame... j'ai autre chose à dire... je suis si interdit, si tremblant, que je ne saurois parler.

ARAMINTE *à part avec émotion.*

A! Que je crains la fin de tout ceci!

DORANTE *ému.*

Un de vos Fermiers est venu tantôt, Madame.

ARAMINTE *émuë.*

Un de mes Fermiers! ... Cela se peut bien.

DORANTE.

Oui, Madame, ... il est venu.

ARAMINTE *toujours émuë.*

Je n'en doute pas.

DORANTE *ému.*

Et j'ai de l'argent à vous remettre.

ARAMINTE.

Ah, de l'argent! ... Nous verrons.

DORANTE.

Quand il vous plaira, Madame, de le recevoir.

ARAMINTE.

Oui ... je le recevrai ... vous me le donnerez. (*à part.*) Je ne sai ce que je lui réponds.

DORANTE.

Ne seroit-t'il pas temps de vous l'apporter ce soir, ou demain, Madame?

ARAMINTE.

Demain, dites-vous! Comment vous garder jusques-là, après ce qui est arrivé?

DORANTE *plaintivement*.

De tout le reste de ma vie, que je vais passer loin de vous, je n'aurois plus que ce seul jour qui m'en seroit précieux.

ARAMINTE.

Il n'y a pas moïen, Dorante; il faut se quitter. On sait que vous m'aimez, & on croiroit que je n'en suis pas fâchée.

DORANTE.

Hélas, Madame! Que je vais être a plaindre!

ARAMINTE.

Ah! Allez, Dorante, chacun a ses chagrins.

DORANTE.

J'ai tout perdu! J'avois un portrait, & je ne l'ai plus.

ARAMINTE.

A quoi vous sert de l'avoir? Vous savez peindre.

DORANTE.

Je ne pourrai de long-temps m'en dédommager; d'ailleurs, celui-ci m'auroit été bien cher! Il a été entre vos mains, Madame.

ARAMINTE.

Mais, vous n'êtes pas raisonnable.

DORANTE.

Ah, Madame! Je vais être éloigné de vous; vous ferez affez vengée; n'ajoutez rien à ma douleur!

ARAMINTE.

Vous donner mon portrait! Songez-vous que ce feroit avoüer que je vous aime?

DORANTE.

Que vous m'aimez, Madame! Quelle idée! Qui pourroit fe l'imaginer?

ARAMINTE *d'un ton vif & naïf.*

Et voilà pourtant ce qui m'arrive.

DORANTE *fe jettant à fes genoux.*

Je me meurs!

ARAMINTE.

Je ne fai plus où je fuis : modérez votre joïe; levez-vous, Dorante.

DORANTE *fe léve, & tendrement.*

Je ne la mérite pas; cette joïe me tranf-porte; je ne la mérite pas, Madame : vous allez me l'ôter; mais, n'importe, il faut que vous foïez inftruite.

ARAMINTE *étonnée.*

Comment! Que voulez-vous dire?

DORANTE.

Dans tout ce qui s'eft paffé chez-vous, il n'y a rien de vrai que ma paffion, qui eft in-finie, & que le Portrait que j'ai fait; tous les incidens qui font arrivés partent de l'induf-trie d'un Domeftique, qui fçavoit mon a-

mour, qui m'en plaint, qui, par le charme
de l'esperance du plaisir de vous voir, m'a,
pour ainsi dire, forcé de consentir à son stra-
tagême : il vouloit me faire valoir auprès de
de vous. Voilà, Madame, ce que mon respect, mon amour & mon caractere ne me
permettent pas de vous cacher. J'aime encore
mieux regretter votre tendresse que de la devoir à l'artifice qui me l'a acquise ; j'aime
mieux votre haine que le remords d'avoir
trompé ce que j'adore.

ARAMINTE *le regardant quelque tems
sans parler.*

Si j'apprenois cela d'un autre que de vous,
je vous haïrois, sans doute ; mais l'aveu que
vous m'en faites vous-même, dans un moment comme celui-ci, change tout. Ce trait
de sincérité me charme, me paroît incroïa-
ble, & vous êtes le plus honnête homme du
monde. Après tout, puisque vous m'aimez
véritablement, ce que vous avez fait pour
gagner mon cœur, n'est point blâmable: il est
permis à un Amant de chercher les moyens
de plaire, & on doit lui pardonner, lorsqu'il
a réüssi.

DORANTE.

Quoi ! La charmante Araminte daigne
me justifier !

ARAMINTE.

Voici le Comte avec ma mere ; ne dites
mot, & laissez-moi parler.

SCENE XIII. & derniere.

DORANTE, ARAMINTE,
LE COMTE, Me ARGANTE.

Madame ARGANTE *voyant Dorante.*

QUoi ! Le voilà encore !

ARAMINTE *froidement,*

Oui, ma mere. (*au Comte.*) Monfieur le Comte, il étoit queftion de mariage entre vous & moi, & il n'y faut plus penfer. Vous méritez qu'on vous aime ; mon cœur n'eft point en état de vous rendre juftice, & je ne fuis pas d'un rang qui vous convienne.

Madame ARGANTE.

Quoi donc ! Que fignifie ce difcours ?

LE COMTE.

Je vous entens, Madame ; & fans l'avoir dit à Madame. (*montrant Madame Argante.*) Je fongeois à me retirer. J'ai deviné tout. Dorante n'eft venu chez vous qu'à caufe qu'il vous aimoit : il vous a plû ; vous voulez lui faire fa fortune : voilà tout ce que vous alliez dire.

ARAMINTE.

Je n'ai rien à ajoûter.

Madame ARGANTE *outrée.*

La fortune à cet homme-là !

LE COMTE *triſtement.*

Il n'y a plus que notre diſcuſſion, que nous reglerons à l'amiable ; j'ai di que je ne plaiderois point, & je tiendrai parole.

ARAMINTE.

Vous êtes bien généreux : envoyez-moi quelqu'un qui en décide, & ce ſera aſſez.

Madame ARGANTE,

Ah ! La belle chute ! Ah ! Ce maudit Intendan ! Qu'il ſoit votre mari tant qu'il vous plaira ; mais il ne ſera jamais mon gendre.

ARAMINTE.

Laiſſons paſſer ſa colere, & finiſſons.

(*ils ſortent.*)

DUBOIS.

Ouf ! Ma gloire m'accable : je mériterois bien d'appeller cette femme-là ma Bru.

ARLEQUIN.

Pardi, nous nous ſoucions bien de ton Tableau à preſent : l'Original nous en fournira bien d'autres copies.

FIN,